溪雲

捎來無限的感念

吳挽瀾◎撰

「……浮名浮利，虛苦勞神……
幾時歸去，作箇閒人
對一張琴，一壺酒，一溪雲」
——節錄蘇東坡〈行香子〉詞

看見需要・實踐理想

一位敦厚儒雅令人尊敬的救國團老長官，吳挽公自考選部部長榮退後不久，便因其在大學研究所所學所教均為管理，乃一方面應好友之邀轉進企業；一方面在中興大學授課之餘，將其對人生的領悟、管理的心得與生活的意趣著書立說，先後完成了《行政學新論》、《象山看雲去——人生、管理、生活解碼》；兩年前又撰寫《贏在紅海——組織管理縱橫談》鉅著，將企業組織成功經營的法則與觀念作系統化的探討，且與時代接軌的實務相互參證。德聰多年追隨，早已敬佩挽公探究學理印證實務的精神。沒想到三年後再度將其一生投入工作的心路歷程，以細緻生動的文筆敘述各個人生階段的修為，尤其特意將其與夫人互動的感人深情安排於最後篇章，當讀者閱畢其一生功績後，再看看其在感情世界裡的似水柔情，就可了解這本書是以理性敘述其工作的歷練為經，以其對家國、社會無怨無悔的付出為緯，進而對親情的感性生活穿插其中，剛柔相濟，彰顯全書編織的深度、廣度與力度，值得讀者細細品味。

挽公一生從省立彰化高中的教師生涯開始，歷經團務、黨務、政務、大學教授、國策顧問迄今，資歷之完整，實難有人能出其右。民國五十年挽公從擔任本團桃園縣團委會文教組組長開始，相繼歷任總幹事、總團部編審、專門委員、副組長、組長至副主任。在每一個職位，他都是孜孜矻矻戮力採行創意作法，如在桃園縣結合媒體、企業及縣政單位等的力量，推動話劇公演，展現救國團社會性、藝文性的活力。在總團部社會組組長任內，透過訪視、懇談、禮聘、分工、座談、表彰等程序，推動義工制度，激勵義工夥伴們發揮「生活的、倫理的、民主的、法治的、愛國的」教育功能，以因應時代需要，並且編製「服務歌」，其中「燃燒自己，照亮別人」，至今仍被大家琅琅上口。七十六年當本團面對外在環境的衝擊，挽公時任副主任，全力協助李名譽召集人鍾桂博士，完成組織定位的轉型，亦提出企業化經營理念，改善老舊房舍提升服務品質，完成社團班隊的適法性，以強化工作的競爭力。

之後，不論其在黨務或政務工作上，面對任何橫逆，均秉持廉能負責的信念，堅毅果決的作為，大處著眼，全心投入，看見需要，實踐理想；且待人寬厚，獎掖後進。因此，每當更上層樓時，總是令長官賞識，讓部屬感念，這種種事蹟都值得我們後生晚輩念茲在茲，效法奉行。

時至今日，德聰接掌救國團主任，又愷切建議本團應把握服務業之特性：行銷通路多樣化，工作內容多元化，服務領域國際化，以建立獨特品牌，實踐「我們為青年服務，青年為國家服務」的理想。

當本團標舉「教育、公益、服務、健康」四大志業，歡度六十週年慶之後，拜讀書中所揭櫫的許多陳年舊事，不僅讓我們了解本團先進如何犧牲奉獻走過從前，以及如何在艱困環境中以「平凡、平實、平淡」，「親切、自然、實在」型塑「救國團人」的獨特風格與工作典型。而挽公一生奉行的「處處細心、用心，以換取民心」，「先尊重別人的存在，別人才會肯定我們的存在」，「昨天的經驗，未必就是今天成功的保證」，「一個快樂而成功的人無不喜歡他所做的工作，而不是只想做他所喜歡的工作」，「創造新知就是創造價值」，「做人不能目中無人」種種為人處世的嘉言懿行，實為本團推展「終身學習」、「體驗學習」、「公益服務」、「輔導服務」、「志願服務」、

「國際交流」、「休閒活動」、「健康促進」八大核心工作，作了良好的範式。

月前在偶然機會中與挽公碰面，得知本書手稿已經完成，特情商將其書稿交由本團所屬幼獅文化公司出版，蒙其首肯，特此致謝。茲值本書即將付梓，謹抒所見所感，何敢言序。

張德聰 謹識

民國一〇二年六月

惜緣・感恩・知足

本書並非我人生的全紀錄，只是對往事的片段回憶。

在我尚未退化的記憶裡，為了把一些成功的檔案解密，以作經驗的傳承，也讓讀者們了解一位平凡的軍人子弟，是如何一步一腳印的走過從前。從竹籬笆內的日子，到踏上政治的不歸路；從打過那美好的仗，到入閣與主持考政的宏觀思維。從一位中學教師到大學的講座教授；從救國團的縣團委會組長到總團部副主任；從縣黨部委員到中央委員、中央社工會主任及台灣省黨部主任委員；從嘉義縣政府的幕僚長到官居特任的部會首長。凡此等等，與其說是命運的安排，不如說是自我淬礪奮發的結果。

緬懷數十年生涯發展的過程，我深深體認每個人的機遇不同，因緣各異。因此，我一路走來，只有對自己理想的堅持，沒有對財富的嚮往；只有對工作理念的執著，沒有對名位的計較。以致我每次新職的任命，都是被動的接受，從未有過主動的爭取。所以，回首來時路，對那些曾經幫助過我的人、提攜過我的人，以及自己稍有的一些成就，總是惜緣、感恩、知足。

由於世事茫茫，人生碌碌，榮枯有數，得失難量，故當我國首次政黨輪替，我便毅然辭卸了一切公職，讓自己在雲淡風輕的日子裡，優游延歲月，瀟灑度時光。一方面為海峽兩岸的莘莘學子和企業菁英，重拾教鞭，傳道、授業、解惑；一方面陪伴岫妻旅遊國內外，享受山水之樂。

像這樣充實而歡愉的日子，卻因岫妻罹患阿茲海默症

（Alzheimer，俗稱失智症）而打亂了我的生活秩序，亦擾亂了我心靈的寧靜。隨著她腦部神經細胞功能，包括認知、行為與精神狀態的逐漸退化，導致其日常的生活起居已完全無法自理。雖然每隔一段時間，我都會請教各大醫院神經內科的醫師，得到的答案皆是目前尚無有效的藥物問世。所有的用藥，只是延緩病情，防止併發症而已。乃致這些年來，除非確實必要，我都盡量婉謝了許多酬酢。畢竟每當看到她那日漸孱弱的身體，能夠多一點時間陪在她的身邊，何嘗不是在彌補我往昔經常因工作關係而聚少離多的虧欠。也就是基於居家的時間增多，使我在授課之餘，得以寄情於閱讀與寫作。而本書的撰寫，即是在夜闌人靜，且為她禱告之後，才集中思慮，執筆為文。當落筆至我倆在草屯國小前的溪畔相依相偎，陶醉在那片雲影波光時，不禁令我想起蘇東坡的〈行香子〉詞中所寫「……浮名浮利，虛苦勞神……幾時歸去，作箇閒人，對一張琴，一壺酒，一溪雲」。撫今思昔，「此情可待成追憶，只是當時已惘然」，這也就是本書定名為《一溪雲，捎來無限的感念》的緣故。

謹將本書獻給病中的岫妻，作為感激她數十年來為家庭付出的辛勞和對我的支持與鼓勵。

吳挽瀾

序於象山老舍

民國一〇二年仲夏

民國一〇二年七月七日於劍潭青年活動中心舉行《一溪雲，捎來無限的感念》新書發表會。本書出版後廣獲讀者好評，數月間已四刷。值茲再版，特選新書發表會照片三幀以作紀念。

1

3

2

1 新書發表會上感謝嘉賓的蒞臨。

2 愛女娟芬特從美國趕回慶賀新書發表會並獻花。

3 簽書會上熱情的書迷大排長龍，場面熱絡。

目錄

Part 3 為報知遇披戰袍

Part 4 那美好的仗我已打過

Part 5 入閣的宏觀思維

Part 6 考政工作的施政方針

Part 1

回首竹籬笆內的日子

竹籬笆內的日子雖然清苦，
卻是我與岫妻攜手迎向新的人生起點。

八卦山下的機緣

台中市南區市郊下橋子頭，一幢圍有竹籬笆的平房，前有阡陌縱橫的田野，後有幽篁彎垂下的潺潺小溪，民國四十五年九月九日的重陽節，我便是在那裡與岫妻度過洞房花燭夜。

婚後的日子是清苦的，但兩情相悅的濃度卻是醇郁的。

由於那時下橋子頭尚未接通自來水，以致迄今每當我看到那張她用幫浦抽取地下水洗衣，而臉龐上尚流露出無怨無悔笑靨的泛黃照片，就不禁感到一陣心酸。

說是機會，也是緣分。民國四十八年八七水災，甫自中興大學法商學院畢業並服完預官役之後，舉家遷居彰化市八卦山麓的太極眷村，由於先父舊識，服務於救國團總團部楊用行先生的推荐，我獲得了省立彰化中學的聘書，而畢業於省立台中師範學校的岫妻，亦經任職於縣政府的中興大學學

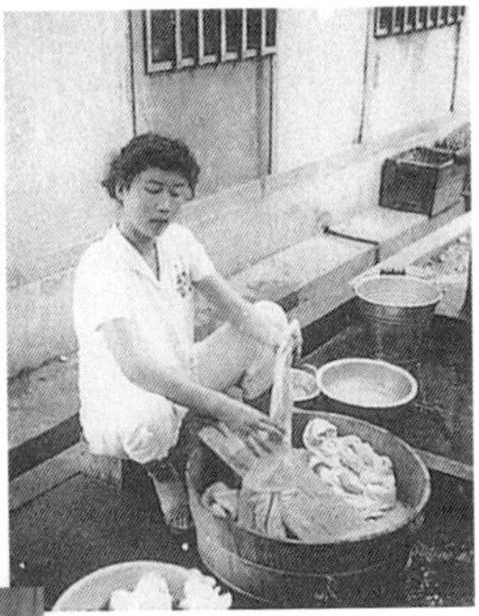

竹籬笆內的日子雖然清苦，卻是我與岫妻攜手迎向新的人生起點。

長郭治華兄的協助，由教育科分發至彰化中學鄰近的南郭國小任教。有此機緣，我與岫妻同感幸運之神，何其對我們如此厚愛。然而，正在此時，先父奉命自軍中退役，且又胃疾纏身，我與岫妻則因課業繁忙，待遇菲薄，乃使先母不顧年歲漸長，毅然親為家中大小事務操勞，此情此景，感動了先父昔日袍澤，主動協同做豆腐、養小豬等小本生意，以期減輕一家老小六口之生活負擔。誰知幾個外行湊在一起做買賣的結果，不但沒有改善生計，還弄得血本無歸，甚至負債累累，致使我與岫妻不得不更加省吃儉用。

辛勤耕耘後的收穫

也許是因為我教書態度的認真負責，也許是由於我在大學參加過許多的社團活動，身兼救國團彰化縣支隊長的翁朗曦校長，某日忽然約見我，希望我能到救國團支隊部兼任懸缺已久的文教組組長。對於翁校長的這一番盛情，即使自己再忙，亦未便加以推卻。半年之後，在劉祕書（現稱總幹事）錫銘的熱心指導下，不僅辦了許多的藝文活動、體育競賽，《彰化青年》月刊亦能如期出刊。就在各項文教工作積極展開的時候，翁校長夫人畢靜子女士由縣立圖書館館長，轉任私立精誠中學校長，亟欲覓得一位年輕幹練的教師擔任教務主任，他們夫妻倆都認為我是最合適的人選。這突如其來的好意，的確使我沉思良久，可能是他們洞悉我的為難之處，乃主動的告知，我接任精誠中學的教務主任之後，彰化中學的課程改為兼任，救國團文教組長則免兼，以便專責辦好精誠中學的教務工作。就在兩度懇談的盛情難卻下，我接任了新的工作挑戰。

為了不辜負他們的期望，我不僅積極請教彰化中學先進們的高見，亦深入了解精誠中學的現況，不到十天的時間，我便向畢校長提出一份「突破現狀，振衰起敝」的校務發展計畫，強調「真誠樸實」的辦學理念、「嚴管勤教」的教學方針，進而強化師資陣容，在不增加人事費用的原則下，擬暫向彰化中學聘兼知名教師，以提升知名度；同時，為提高升學率，特別編訂升學教材。為增進學生讀書風氣，則針對需要，增加必要的教學設備。這份計畫經過畢、翁兩位校長的細細審閱之後，一致同意我的想法與做法。於是，一個學期之後，校譽日隆；一個學年結束，打破錄取公立大專院校前所未有的紀錄。而我盡心盡力推展教務工作的表現，深獲翁校長的肯定，亦數度得到畢校長的讚許：「因有你過去辛勤的耕耘，才有學校現今的收穫」。

轉換跑道的抉擇

雖然自己在大學念的是公共行政，遷居到彰化之後，卻是從事教書的工作。基於自己對教書的工作漸漸產生了興趣，對精誠中學教務工作的推展也頗具成就感，因此每日工作雖很忙，至少每日晚餐仍能享受天倫，尤其一對小女兒學唱黃梅調，每每逗得爺爺婆婆哈哈大笑，此情此景，真是在恬淡的生活中憑添融融之樂。尤其是夜闌人靜，老小皆已入夢之後，我與岫妻總愛悄悄走出大門，漫步於八卦山麓，或聊一些日間趣聞，或談一些柴米油鹽，或哼一曲月圓花好，此種情調，真是山林多少幽閒趣，何來貧賤夫妻百事哀？

依稀記得是一個彩霞滿天的黃昏，當我尚在校內和幾位老師商討如何加強升學班的課業輔導時，突然畢校長面色凝重的走到我面前，要我暫停商討，到她家有事研商。我與幾位老師都以為學校發生了什麼問題，她大概怕老師們亂猜疑，只說了一句「不是學校的問題」，便坐上三輪車離去。我也就隨後騎著腳踏車到她的府邸。

懷著一顆忐忑的心情走進畢校長家的客廳，卻看到翁校長正向一位相貌堂堂的男士陪不是。畢校長坐定之後，便由翁校長為我介紹，原來這位客人就是當年救國團實際上負責任的主任祕書李煥先生（字錫俊，一般人都稱他錫公），當我的視線接觸他那雙炯炯有神的目光時，我潛意識便想莫非有什麼重要的事情要發生。果然他問了我對救國團活動與發展的看法，也許是初生之犢不畏虎，我簡短的回答：「救國團的活動要有戰鬥性，也要有教育性，更要能與世界潮流接軌，這樣才能吸引青少年的興趣。」他頻頻點頭說「很對！」之後，便直接明講希望我能到救國團去擔任專職幹部。當時我愣了一下，隨即率直的跟他說：「目前學校還有許多重要的工作未完成，不管翁校長與畢校長是否已經答應，除非他們兩位不要我，否則，在情在理，我不能此時離去」。這一番話不但令兩位校長為之動容，即使李煥先生，亦認為一個年輕人有這種想法很難得。最後在相互體諒下，兩位校長同意暑假後放人，而我則面臨轉換跑道的抉擇。

當時救國團的主任是經國先生，在他制定的「我們為青年服務，青年為國家服務」的工作理念，「親切、自然、實在」的工作方針，以及「平實、平凡、平淡」的工作指標下，加以各類多采多姿的活動項目，確實是吸引了許多青年人的喜愛，亦受到海外人士的高度肯定。記得當年韓國全斗煥總統便派他弟弟親自到救國團來觀摩學習，日本自民黨青年局多位局長，亦來台希望交換參訪。因為他們都認為台灣在民國四、五十年間能維持社會的安定，主要是靠兩股力量的發揮：救國團減少了青年學潮的發生；退除役官兵輔導委員會則安定了退除役官兵的生活。因此，很多優秀青年都希望能參與救國團的工作行列。

當我為這突如其來的訊息，反覆思量之時，雖能體會李煥先生的好意，但家庭的現實問題又不能不顧，最後在先父的一句「男兒應志在四方，家庭的問題你母親會照顧」，加上岫妻的體諒與鼓勵，終於在畢校長的依依不捨和祝福下，我總算做了難以抉擇的抉擇。

救國團前主任祕書李煥先生對我的看重，讓我面臨放下教職的抉擇。

政治生涯的起點

民國五十年仲夏，我奉命到桃園縣救國團接任文教組組長，這可以說正是我政治生涯的起點。

一個人單槍匹馬來到陌生的桃園，住進辦公室後院的單身宿舍之後，隨即聆聽楊兆軒總幹事的工作說明與任務要求。整整一個禮拜，我腦子裡盤旋的已不再是彰化家中的情形，而是桃園縣的文教工作要如何開展。憑著組裡一位組長一位輔導員的單薄人力，工作要從哪裡著手？做些什麼？如何去做？我不斷的思量著。

翻看往昔的檔案，我大致了解以往的工作概況後，初步的構想，是把工作化被動為主動，從靜態到動態，借重義工的力量，結合學校的資源。這些構想經楊總幹事的認同後，首先我便主動去晉見兼任支隊長的省立桃園高級中學曹沛滋校長，以他當時在桃園縣文教界的聲望，不但提供了我許多寶貴的意見，也在幾次相關會議中，肯定我的工作能力，並支持我對今後推展桃園縣文教工作的想法。

大約是一二個月之後，幾位工作於縣政府、《新生報》、《中華日報》、《中央日報》及大秦紡織工廠，與我年齡相近的朋友，均有志一同的希望我能推動桃園的藝文活動。就在一次茶敘中，突然有位朋友談起既然我在中學、大學編過劇本，演過話劇，何不在桃園首開創舉，演出一場話劇呢？於是在媒體的鼓吹、縣政府的支持、企業界的贊助下，加上年輕人的熱情、友情的相互激勵，終於在國慶日的前夕，順利演出一場充

推動桃園藝文活動，結合產官媒體力量，在桃園演出話劇。

民國五十一年追隨經國先生視察借用國防醫學院的場地所舉辦的大專青年活動。

滿文藝氣息的話劇。演出之後，雖不能說是轟動桃園，至少已在桃園的藝文沙漠中，看到了一片綠洲。

一年後，正當桃園縣的文教工作積極開展之際，總團部突然調我去大專社團服務中心負責大專團務。在好友們的惜別餐會中，我永遠記得新生報王俊夫記者，也是演出話劇的男主角，臨別的贈言：「居高位無遠見是庸才，處低位無幹勁是冗員」。回想在爾後數十年自己的生涯發展中，不論是居何種職位，都把他這兩句話銘之座右。

由於我曾經是大專社團的活躍分子，深知大專社團的需求。從露營器材的供應、指導老師的轉介，到領導才能的培訓等，在在都是大專社團服務中心所應為、所當做的核心工作。同時，服務中心亦應利用週末假日在陽明山舉辦露營，或利用寒暑期在各風景名勝地點，借用學校舉辦大專社團負責人研習會、歲寒三友會，以及才藝訓練營等。這些活動，不但促成一些參加活動的男女青年，成為日後的佳偶，而舉辦過程所認識的許多擔任輔導老師的大專教授，對我日後的工作也帶來許多的助力。

到救國團擔任專職幹部不過三年多的時光，也許是在每個工作崗位上的表現都很突出，因此在某次活動結束後，李煥先生特別召見我，並告知「主任要調升你為高雄市團委會總幹事」。當時未經思考，便以兩點理由婉復：第一，我到團服務的年資很淺；第二，現任方緒榮總幹事是您的同班同學……。我的話還未講完，他便直截了當的說，團要培植年輕的幹部，主任對你公而忘私，以及到團後的工作積極與努力都很清楚，至於方總幹事的工作已另有安排，你的人事命令馬上就會發布。接著便指示我在高雄市團務工作時，必須把握港口都市青年的特性，廣結善緣，重視義工。簡短的幾句工作提示，沒想到竟是二十多年後我主持高雄院轄市黨務工作的指南針。

南下報到的前夕，我到主任辦公室向才思敏銳的顏海秋祕書請益，他很親切的對我說：「挽瀾，你三十歲不到，便要獨當一面，可見主任對你期望很大。記住，『有作為的人是要把事情做好，沒有作為的人，只是把事情做完』，這就是我給你的贈言。」

帶著一定要把高雄市團務工作做好的自我期許，接任了新職，當時團委會的主任委員是高雄市前市長陳武璋先生，以他在地方上的人望，和會內胡長堉、唐勃、許水德、李書錚幾位組長的幹練有為，加上多位充滿熱忱的義工伙伴，如韓方、陳映雪、蔡孟實、陳文態等對服務工作的開展，以及詩人朱沉冬、作家司馬中原等主動義務輔導各項藝文活動，配合各級學校的技能設備，還有陳定閣、許朝智、黃孝棪、謝重光……諸多校長的參與指導，乃使得高雄市的團務工作，不論在服務、文康、技藝等方面，都有顯著的功績，也受到各階層人士的讚譽。

撫今思昔，當年我們的物質生活的確是貧乏的，即使我們的辦公室與同仁們居住的地方，都是在舊體育館的騎樓下。直到我奉命兼任高雄學苑的總幹事，團委會遷至中正四路與高雄學苑合署辦公後，我們的辦公環境才有所改善。雖然如此，我們的精神生活卻是充實的。因為每天我們都有那麼多不同類型的活動在展開，而每一項工作或活動圓滿結束後的成就感，以及義工伙伴的歡笑與參加活動的青年朋友所響起的掌聲，就是我們最大的精神慰藉。

民國五十三年九月，我不但錄取考試院乙等（相當於高考）社工特考，更奉總團部指派率領台大、政大、中興、東吳、淡江等校五位同學，赴日本東京出席國際第三屆學生會議。這是我第一次出國，也是首次出席國際性會議，因此，行前蔣主任經國先生特別召見勗勉，總團部亦舉辦行前講習，除了說

帶領大專青年參加國際會議，是救國團引導青年擴大國際視野的工作之一。

明會議的內容、可能遭遇之問題及因應之道以外，更提醒大家注意國際禮儀與會議規則，在參訪活動時的言談舉止應大方得體。我們在許多人的祝福聲中，來到了東京會場。完成報到手續後，幸賴我國駐日大使館邱創壽文化專員的親切照料，並在會議進行中給予我們關鍵性的建言，乃使得同學們在會議中的發言、在社交活動時的表現，的確都未辱使命。以致返國後的檢討會上，總團部頗多嘉勉。

三年三個多月的日子裡，我確曾有抹不盡從額頭流下辛苦的汗水，也真的有留不盡從眼角溢出快樂的淚水。正當會內同仁為民國五十五年的十月慶典活動而忙碌時，忽然接到李煥先生的來電，他先是誇讚我在高雄市做得不錯，但由於大專團務的需要，希望調我回總團部服務，徵詢我的意見。雖然事隔多年，但我仍依稀記得當時的回答是：「您認為我在哪裡合適就在哪裡。」他聞聽之後只講了三個字「謝謝你」，便掛斷電話。

回到總團部後，我以專門委員職銜主持大專團務，由於業務的駕輕就熟，故當一向對我愛護有加的鍾義均組長垂詢我有關大專團務應如何改進工作內涵及工作方式時，我便表示今後大專團務的重心不但應強化學生社團活動的輔導，更應提升層次為對大專教授的服務與聯繫。獲得鍾組長的認可之後，大專團務的定位便從此確立。

又是一年的歲末，也是各單位主管為同仁打年終考績的時候，眼見鍾組長為組內同仁年終考績誰應獲甲等或乙等而難定取捨時，依當時團的人事管理規則，如同一般機關團體一樣，考績甲等是有名額的限制，為免增加鍾組長的為難，我乃主動向他表示，如果我有考列甲等的機會，我願主動放棄。雖然他認為這樣對我不公平，但我回答他，在團部這幾年我得到的實在夠多了，一次考績乙等，把機會讓給也很努力的同仁，豈不是能激勵更多人的士氣？他連聲說「好」之後，講了一句令我終生受用不盡的話：「事能知足心常愜，人到無求品自高。你能懂得這個道理，有厚望焉！」

翌年二月，在意料之外，我被調升為活動組副組長，負責三二九青年節慶祝活動的籌備工作。就在三月下旬一切按部就班進行時，某一週三執政黨中常會結束後，突奉李煥先生通知，今（五十七）年青年節要從台北市中山堂移往陽明山中山樓舉行，而典禮結束後，總統夫人要在二樓以茶點招待出席慶祝大會的全體青年代表。同時，下週二下午三時，蔣主任要親自在總團部會議室聽取工作準備情形的簡報。當我把此一指示向陳延達組長報告時，他對這突如其來的變化，也不禁為之一怔。穩健幹練的延達組長，隨即要我妥速思考應變計畫，他則將此一情況迅即面報甫接任主任祕書職務的宋時選先生（一般人都稱他宋公）。

記得當宋時選先生約集陳組長與我，詢問我們的應變構想時，我立即向他報告有三個難題必須先解決：一是如何在同一時間要將近八百位的青年代表帶到陽明山中山樓；二是茶點及餐具要由哪家餐廳供應；三是近八百位的青年代表，如何能在十分鐘內由一樓移動至二樓就坐完畢，並表現適度的餐桌禮儀。幸虧宋時選先生追隨蔣主任經國先生多年，知道交通問題可洽請聯勤總部及警務處協助，茶點則非圓山飯店莫屬，其他可商請教育部軍訓處派員會同中山樓管理人員現場勘察後協同辦理。

在宋時選先生明確的指示之後，我與陳組長及其他同仁，立即分頭進行。兩天之後，相關的問題，均已得到各單位的應允支助。於是，徹夜草擬的簡報內容經核可後，星期二下午由我向蔣主任提出「慶祝中華民國五十七年青年節籌備工作簡報」。聽完我的報告及陳組長的補充說明後，蔣主任簡短地問了我兩個問題：第一，三十輛的車隊，從總統府前停車場出發，如果沿途遇到紅燈，車隊豈不被截斷而無法在同一時間抵達中山樓？第二、慶祝典禮結束後，如何能在數分鐘內於二樓就座完畢？幸好對這兩個問題，我早有腹案，當即答覆：「報告主任，有關第一個問題，已經協調警政單位，當車隊通過時，將暫時實施交通管制，以利車隊快速通過。至於第二個問題，已會同相關單位勘察現場，將分前後左右四條動線，兩路縱隊分別由軍訓教官帶隊，沿樓梯兩側快步移動，並由軍訓處派員現場統一指揮」。陳組長再補充說明茶點已洽妥圓山飯店辦理，而現場氣氛的營造，則由青年節籌備委員會負責，二十八日下午並作現場預演。聽完簡報及補充說明後，主任連說「大家辛苦了」，便起身離座。

三二九當天，一切行禮如儀之後，隨即依照原先演練好的動線，於十分鐘內將近八百位的青年代表帶至二樓茶會會場坐定。十分鐘後，當侍從人員高喊「總統及夫人到！」，全體與會人員整齊劃一的起立，而高八度的一聲「總統與夫人好！」更是響徹屋頂。當總統與夫人繞行全場，青年代表們以熱烈的掌聲與歌聲，直到總統牽著夫人的手坐定。夫人慈祥地揮著手說：「請大家用點心，不要客氣。」夫人簡短致詞後，便和陪坐在首桌的幾位青年代表一一交談，而總統則始終面帶微笑，並以他炯炯有神的眼光環視全場，也不時看著青年代表與夫人講話，當聽到夫人的笑聲時，更是頻頻點頭。大約三十分鐘歡樂的時光轉眼即過，看到總統與夫人將要離開會場，青年代表們紛紛起立，掌聲如雷。當全場唱出〈我們敬愛你〉的歌聲時，總統與夫人都轉過身，揮著手連聲說「再會、再會」之後，全場許多人都拿出手帕或直接用手抹去感動的淚水。迄今回想起那個場景，不僅空前，也是絕後。相信看到這段文字的讀者，當年若是也在現場，一定會有同感，而這段往事，真是令人永遠難忘。

一週後，蔣主任在三軍軍官俱樂部設宴慰勞為籌辦此次青年節活動的主要幹部，並合影留念。

三個月後的某一週末中午，我與陳組長應組內同仁楊允昆之邀，赴其府寓和其他同仁一起餐敘，所謂「酒過三巡，菜過五味」，正當大家酒酣耳熱時，突然楊府的電話鈴響起，允昆接聽電話後，告知是李煥先生要找我講話，由於

民國五十七年三月廿九日青年節活動後，蔣主任獎勉相關工作同志後，合攝於三軍軍官俱樂部。

當時李煥先生已調任執政黨中央組工會主任，他怎麼知道我們在楊府聚餐？我一頭霧水拿起電話筒，只聽李煥先生用低沉的聲音對我說：「你要在下午四時前趕到中興新村省訓團，去會見嘉義縣新當選的黃老達縣長。他要請你去做縣政府的主任祕書，現在趕快去搭火車。」不容我的答話，隨即掛斷電話。

當同仁們聞訊向我道賀時，只有陳組長

問我身上有無帶錢，並說：「李錫公決定的事情，一定有他的道理，趕緊去車站吧！」就這樣隨著南下火車車輪的滾動，我踏上了政治不歸路。

Part 2

踏上政治的不歸路

李煥先生的一通電話，
使我踏上了政治的不歸路。

先從潔身自愛做起

嘉義，是一個對我非常陌生的地方。

在我搭車南下與黃老達縣長會晤前，我曾在火車站電詢嘉義縣的友人有關該縣的現況，據他簡短的分析：「派系傾軋阻礙縣政推動，建設落後影響經濟發展。黃縣長曾經做過縣議會的議長，也是黃派的掌門人。」在火車上我細細思考著友人的分析。

第一次會見黃縣長時，我坦誠的告訴他：「我從未在地方政府服務過，對嘉義縣政工作更是一張白紙，恐怕會有負厚望。」他用充滿笑意的目光上下打量著我，然後毫不諱言的告訴我：「你是林前縣長金生推荐的，他一再稱讚你年輕幹練、廉能負責，所以我才向中央組工會李主任懇請你來幫忙，無論如何請你不要推辭。」

在他親切的邀請下，我當下倍受感動而難以推辭。於是，我們便接著談到未來縣政工作應如何開展。

他首先為我解說嘉義縣的政情、財稅收支，以及當前存在的一些縣政建設問題等。進而他說：「我知道你在大學念的是行政，也通過考試院相當於高考的乙等特考，並且是李主任手下的優秀幹部。我相信你到任之後，很快便會進入狀況，了解業務。我是學醫的，現在仍是開業的醫師，以後除了重要人事、地方分配款、農地重劃、九年國教，以及其他重大政策由我們一起研決外，其

民國五十七年奉派到嘉義縣擔任縣政府主任祕書，得到黃老達縣長的充分授權，積極推動許多重要的地方建設。

他一般的縣政工作，我都將授權給你處理。了解愈多，便愈感責任的加重；授權愈大，就愈感壓力的加大。回到台北時，我已作好迎接挑戰的心理準備。

民國五十七年七月一日就職的前夕，我依照既訂的時間抵達嘉義，令我驚訝的是黃縣長竟率同縣府重要主管，縣議會蔡長銘副議長、多位縣議員及地方社團的重要負責人等數十人，在火車站歡迎我的到來。此一動人的場面，確實是我日後潔身自愛、勤奮推動縣政工作的原動力。

到職後不久，初步了解嘉義縣的人、地、事、物、財，我便在黃縣長邀約的一次餐敘中，向在座的執政黨縣黨部陳嘉雄主委、周運祿書記、縣議會張文正議長、蔡長銘副議長、足智多謀的李春生議員（其公子李雅景以後亦當選過嘉義縣縣長）、市代會黃永欽代表（其女公子黃敏惠即為現任的嘉義市市長）等人，提出「人和第一，建設為先」的施政方針。獲得他們的認同之後，進而我也剴切說明，我既然承蒙黃縣長的厚愛，委以重任，當然會秉承縣長的指示及縣議會的決議處理縣政。不過，由於縣長需照顧的是全縣縣民的福祉，而不僅是派系的利益，因此，希望縣長及在座的各位，能諒解我雖是縣長延攬，卻也是中央派來，實不宜介入派系，而應保持行政中立，依法論事。

我說完這番話，黃縣長便明快的說：「今後派系的事請蔡副議長多偏勞，而縣政府的事，則由吳主祕依法規及制度辦理。」

現在回想起當年黃縣長的此一宣示，對身為黃派掌門人而言，的確要有足夠的勇氣與遠見。這也是黃縣長主持縣政，使地方建設突飛猛進的主因，值得我這個後生晚輩學習。

我到職後差不多三個月的時間，只要一有空暇，便親自拜訪各相關機構、各派系的重要人物、地方上有影響力的士紳、各宗教團體的負責人等，甚至嘉義市未升格前的許世賢市長，也和她的機要祕書陳珠愛建立溝通的平台，以形塑人和政通的景象。

來嘉義後的一天中午，我在辦公室用過午餐，沿著中山路往公園方向散步，在途中赫然發現一幢路邊的日式房屋，竟是「嘉義縣立圖書館」。我走進去看到一位中年男士蹺著二郎腿正在看報，當我請問他何時可以借書、如何借書時，他頭都未抬起只說了一聲：「旁邊牆上掛的借書規則，不是寫得很清楚嗎？你不會自己看？」

「對不起，打擾你看報了。」說完這句話，我便感慨萬千的回到辦公室。看到如此簡陋的圖書館、如此懶散的工作人員，促使我決心要讓地方建設，就從提升嘉義縣的文化水準做起。

於是，我提出在一個幽靜的地方，蓋一所像樣的縣立圖書館的構想，經黃縣長欣然同意後，翌日我便約集教育科馮科長、財政科易科長、建設局賴局長及土木課翁課長等人，研商如何籌措財源，覓找館址，草擬藍圖，大約花了不到一個月的時間，建設局便決定在中山公園左前方空地，建造約三百坪的兩層樓房，造價大約新台幣一百多萬元。此計畫經建設局簽會各相關單位並報請縣長核定到整個建築物的竣工，前後不到半年的時間。此一建築落成之後，雖稱不上巍峨廣廈，至少是增添了縣民及青年學子休憩、閱覽的優雅去處。硬體建築既備，軟體設施如圖書、專業人員的增添等，我也要求教育科逐年編訂預算支應。事隔數十年，景物依舊在，幾度夕陽紅，即使當年所立奠基的碑文據說尚可看到黃縣長與我的名字，人生如此，黃縣長當可銘誌縣史。

民國五十七、八兩年，黃縣長與我皆面臨三大工程的挑戰，一是九年國民教育限期開學，二是農地重劃，還有一項則是五十三年市區的一一八震災後，災區的重建。這三大工程遭遇的重重阻撓，在在顯示派系的傾軋。

黃縣長擔憂我年輕氣盛，乃特別指示我要「多溝通，多忍耐」，秉承縣長此一提示，我不但白天都在城鄉之間奔走，找地方人士協調，晚間則批閱公文至深夜。記得那時還發生了過溝國中為了校址應設在公路左邊或右邊，兩個村莊的人士幾乎械鬥，最後還是由縣長出面，邀請兩邊人士以抽籤方式才解決爭議。由於九年國教是總統蔣公親下手諭，致而縣政府及縣議會乃在空前未有的高度合作下，一一解決所有難題，最後各校都如期開學，我這段時間的殫精竭慮，也獲省政府記一大功。

九年國教的工作告一段落後，隨之而來的便是難度更高的一一八震災後的重建及全縣農業機械化的農地重劃。

一一八震災區的地段，是嘉義市的精華地區，可以說是寸土寸金。基於重建後的公共設施，多少會占用地主的一些土地，以致數年來，絕大多數的地主都堅決反對災區的重建。我雖多次舉辦座談會，說明重建後地價的增值，足以彌補所減少土地面積的現值，但在反對派人士的蠱惑下，多數地主依然反對到底。我於是改採一戶一戶說明，並利用公權力嚇阻某些意志力薄弱的地主，進行各個擊破，加上警力的強勢主導，終於完成了拆除破舊建築物的任務。

農地重劃的情形亦復如此，經運用各鄉鎮有力的地方人士，先瓦解派系的糾葛，進而說明農地重劃的效益，以策動一些深明大義的地主挺身而出，支持政府推動農業機械化的政策，如此一來，正符合《孫子兵法》所云：「故善戰者，求之於勢，不責於人，故能擇人而任勢。」

上述三大工程，固然有縣長的強力支持及縣議會的全力配合，但亦考驗了我協調溝通的耐力，並印證我處理問題的能力，因此深獲黃縣長的嘉許與政壇人士的讚賞。

正當我稍稍喘口氣時，我的長女卻因神經因性膀胱及慢性尿道感染，兼兩側腎臟水腫等病症，不得不住進靠近縣政府的林外科醫院。由於院長林國川博士的仁心仁術，不僅親自聘請台大醫院泌尿科許德金教授南下會診，並成立專案小組為之照料，因上班期間我要忙於公務，岫妻又任教於水上鄉南靖國小，以致白天只有拜託護士照顧，晚間我夫婦倆才能在女兒病榻旁核閱公文及批改作業。此情此景，感動了全院上下，亦引起議員們及地方人士的關懷，尤其是近三十位議員集資相助醫藥費用，副議長更主動向縣長進言要將我妻調至市區學校服務，我除了對議員們的盛情厚意表示由衷的感激外，也婉拒了他們的資助，並請縣長千萬不可因我身為主祕而破壞原已訂定之教師積分調動辦法，否則上樑不正，下樑歪，以後我將如何依法辦事？黃縣長聞聽我的陳述後，便向身邊的人士說了一句：「吳主祕真是一個潔身自愛的人。」

勤勞樸實，公僕楷模

縣政工作的繁雜，越做越感到超出我的想像。身位縣政府的第二號人物（當時沒有副縣長的編制），每天總有開不完的會議，見不完的訪客，以及看不完的卷宗，以致每當我抽出一點時間下鄉了解農地重劃的工程進度時，總是謝絕許多地方人士的邀宴，寧可與司機去路邊小吃店，自掏腰包吃碗聞名全省的嘉義雞肉飯。這不是我矯枉過正，而真的是為了節省時間。

另一方面，我對於縣政府各單位的本位主義、同仁們的官僚習性，亦時有所聞。就在一次由我主持的縣屬國中、國小校長聯席會議中，原訂開會的時間是上午九時，結果到了九時三十分尚有多位校長姍姍走進會場。我目睹此一現象，當即嚴正告誡：連學生上課遲到十分鐘都要處分，身為校長卻遲到這麼久，請問該如何處理？這是我第一次主持聯席會議，我可以原諒，下次如果未經事先請假而再發生這種情形，一定會要求人事人員依公務員簽到時間收掉簽到簿並依規定議處，否則何以作為經師、人師？

另一項我親眼看到最為民眾所詬病的，就是涉及人民權益相關證件的核發，每以簽會其他單位曠日費時為藉口，延宕時間，造成民怨。

鑑於當時省政府正在推行政治革新，樹立廉能政風，我乃在由縣長親自主持的縣務會議中，正式提議縣政府所屬各單位，凡是有關人民權益的事項，諸如工商登記、戶政、地政、稅捐等相關證件的核發，都應訂定詳細的工作流程圖，懸掛於辦公室門首，使民眾按圖索驥，一目了然，讓民眾知道何時送件，何時可以取件。故違者，請安全室查明議處，以杜絕違法亂紀之情事發生。此一提議，當即獲得縣長裁示：「照吳主祕意見辦理，限兩週內辦妥，並將本案報請省政府備查。」

黃縣長此一明快果決的裁示，不僅獲得民間熱烈的迴響，民國六十年八月三日，也使我當選實踐革新政風優秀人員，赴省接受陳大慶主席的表揚。翌年，更榮獲特保最優人員，與國軍英雄蒙先總統蔣公及夫人在台北市中山堂光復廳賜宴嘉勉，宴會後並於中山堂門前合影留念。獲此殊榮，真是畢生難忘。

為了加速改善人民生活，促進地方建設及發展地方經濟，黃縣長接受我的建議，邀約張文正議長、蔡長銘副議長、陳嘉雄主委、黃玉成理事長、李春生議員、縣政府易所先財政科長、吳寶藏機要祕書及本人等，在縣長官邸聚會研商。幾經意見交流，除了已完成的一一八災區重建，及推動農業機械化之外，希望在未來兩年內達成二大工作目標：一是積極整頓瀕臨業務停頓的縣公車處，以解決縣民「行」的問題；二是爭取下屆省運在本縣舉辦，以促進地方的建設發展。

談到嘉義縣公車處，可以說是沉痾已久，不僅車輛破舊、士氣低落，而且人謀不臧、積習難

在嘉義縣三年九個月的縣政工作，秉持著勤勞樸實的工作精神，推動九年國教，潔身自愛樹立典範，因而得到實踐革新政風樹立典範優秀人員、特保最優人員的殊榮。資料來源／《商工日報》（60.7.29）

革新政風樹立典範
吳挽瀾等將受表揚

【中興新村訊】臺灣省六十年實踐革新政風的優秀公教人員，經過省安全處平時的調查登記，業經評審核定四十二人，決定八月三日上午九時，在省訓團中正堂予以表揚。

本省一年來實踐革新政風，操守廉潔，拒收餽贈，持正不阿，立場堅定，樹立優良典範的四十二位公教人員是：宜蘭縣稅捐處稅務員李嘉鈞，南投縣稅捐處稽核俞正元、稅務員陳海峰、雇員張友三，雲林縣稅捐處審核員鄭玉慨，嘉義縣稅捐處稅務員彭俊輝，基市稅捐處股長解藝業，公共工程局總務室主任丁學固，石門區自來水廠中壢服務所主任羅勉之，彰化農田水利會長陳馨，民政廳副廳長張宗良、科員陳鴻範、兵役處長戴季騫，大雪山林業公司第一伐木站主任王建瑋，山地農牧局第五工程處技佐陳圳江省立基隆醫院住院醫師林慶哲省立嘉義醫院事務員鄭惠慶護士長何綉葉土地資源開發委員會副主任委員馬滌心、東部開發處工程員楊烈光、規劃隊長林茂生，臺灣銀行專員俞副課長張拔進、黃水生、嘉義分行課長林國楷、國外部助理員周耀棟，農工企業公司嘉義機械廠總務課長李家鈺，臺北縣三重市公所課員郭年發，宜蘭縣政府民政局課長楊德泉、羅東鎮公所里幹事林廣吉、頭城鎮公所人事管理員吳金城，新竹縣政府地政科臨時員何紀林、光華國中訓導主任楊育梅、新埔國小教員陳定國，南投縣中寮鄉公所鄉長游三華、鹽谷鄉初鄉國小教員黃丁紀，雲林縣政府研考室股長張東、西螺鎮公所鎮長李騰芳，嘉義縣政府主任秘書吳挽瀾，臺南縣蕭垅國小教導主任王昭連，新營區聯合自來水廠廠長郭慶櫸，高雄縣鳳山地政事務所主任吳生賢，臺南市衛生局秘書兪代局長陳俊傑。

返，以致鄉間民眾怨聲載道。經專程南下高雄，請教主管高雄市公車業務有成的韓方兄，經其兩度在嘉義了解現況之後，應允為老友助一臂之力。於是我乃向高雄市政府借調韓方兄來嘉義服務。經其快速提出改善方案的重點是：裁併冗員、整併舊車，增資新台幣一千萬元添購新車，調整路線，整體購料，強化人、財、事、物、時、空之控管，杜絕浪費，激勵士氣，增加營收。此一改善方案經提縣務會議通過，並由縣長親自批准後，在府會全力支持下，不過三個月的時間，便立竿見影，嘉義縣的公車也以嶄新的面貌，行駛在城鄉之間。

整日在與時間賽跑的我，一方面督導公車處改善方案的執行，一方面也馳騁於嘉義與霧峰之間。就職縣府主祕之後，我首次前往座落在台中霧峰的省教育廳，拜訪久未晤面的潘振球廳長（一般人都稱他潘公）。坐定後他第一句話便稱讚我：「聽說你在嘉義縣做得不錯」，接著又問我：「有什麼事我可以幫你忙的？」

老長官就是老長官，因此，對老長官我也就無須客套，直接向他說明來意：「嘉義縣希望能舉辦下一屆的省運。」

他看了我一眼，然後問我：「你老實告訴我，嘉義縣有舉辦省運的條件嗎？」

「有。」

「那你說給我聽聽有哪些條件。」

「如果本縣能承辦下屆省運，我們將建造可以容納八千至一萬人的體育館一座、現代化的游泳池一座，改建現有的棒球場，足球場；至於田徑及其他比賽用場地則借用學校現有場所，選手村可利用學校宿舍。」

聽完我扼要的說明，他追問我一句：「你們要蓋體育館，游泳池等，經費有著落嗎？」

幸虧當時財政科易科長為我提供了開源之道，我才能理直氣壯的回答潘廳長：「只要廳長同意下屆省運在本縣舉辦，經費沒有問題。」

「你現在先回去，我下週會派本廳第五科郭紹儀科長，率同專業人員到嘉義去實地了解，然後再作決定。只要條件過得去，你們會有機會的。」

帶著一線希望，在薄暮時分返抵嘉義，直奔縣長官邸，將面見潘廳長的對話，一一向縣長面報。縣長聞訊後，隨即吩咐黃祕書準備便當，並電請蔡副議長、財政科易科長、教育科馮科長、建設局賴局長、警察局方局長等至縣長官邸開會。

我們一邊吃便當，一邊商議如何為下週省教育廳郭科長等一行來縣考察作準備。

經過將近三個小時的商議，得到七點具體結論：

一、由教育科提供本縣各公私立大專、中學、國小可資運用之場地及設施。

二、由建設局提供建造體育館、游泳池及棒球場、足球場改建工程的工作天及經費概算。

三、由財政科提供調度財源之作法，包括年度總預算有關體育及次要建設經費的改變用途，必要時採以產置產及貸款方式籌措財源。

四、由警察局會同稅捐處以高額獎金在各村里嚴抓私宰。

五、任何有關舉辦省運的法案，包括預算科目變更等，請縣議會大力支持。

六、根據各單位所提供的資料，由教育科負責遴派幹員撰擬簡報。

七、由主祕聯繫省教育廳郭科長來嘉日期。

最後，縣長裁示：請各單位全力以赴，充分準備資料。同時，這七點結論，在教育廳考察人員來到嘉義之前，務請保密，以免節外生枝，引發變局。

一週後，郭紹儀科長一行如期抵達縣府，拜會黃縣長，略事寒喧之後，便赴會議室聽取簡報。經詢問在座各單位主管有無補充意見之後，便由蔡副議長、體育會黃理事長、我及教育科馮科長、建設局賴局長等人陪同赴現場實地了解。結束有關的行程後，他婉拒了一切招待，只向陪同前往實地了解的人員說了一聲「辛苦大家，謝謝」，便匆匆驅車離去。

沒想到才過了不到兩週，便接到郭科長的通知，要我率同相關人員赴教育廳出席有關省運的會議。

於是，我與蔡副議長率同縣政府建設局賴局長、教育科馮科長及財政科易科長等，準時出席教育廳所召開的會議。

會議由潘廳長親自主持。首先由郭科長報告前往嘉義了解縣政府籌辦省運的情況，以及縣議會的熱烈支持；繼而由教育廳相關人員詢問一些有關舉辦省運的問題，經由本縣出席會議的單位主管一一說明後，蔡副議長並發言強調：「地方各界都熱烈期待第二十四屆省運能在嘉義縣舉辦，縣議會絕對會全力支助籌備工作的進行。站在民意代表的立場，懇求廳長多多幫忙。」

我最後代表縣政府強調以下三點：

一、與縣綜合運動場比鄰的新建體育館，所需經費約新台幣一千五百萬元，加上其他建設工程與行政費用，在縣議會的大力支持下，均已調度妥當。

二、縣政府與市公所長久以來所產生之隔閡，亦將因配合省運在本縣之舉辦，有關市區六項建設工程，已開始作良性的磋商。

三、鑑於嘉義縣的政治環境，民國六十年十月所要舉辦的第二十四屆省運大會，務請廳長同意在本縣舉辦，以便促進地方的和諧與建設的進步。

在潘廳長作結論之前，他先感謝蔡副議長及縣府各主管遠道而來的辛勞，也對嘉義縣政府及縣議會為爭取第二十四屆省運在嘉義縣舉行，所展現高度的熱誠及合作的精神表示感佩，最後他鼓勵我們：「信心加努力，就是成功的保證。大家回去之後，要有信心辦好第二十四屆省運，也要加倍努力，如期完成各項籌備工作。」說完這段話，他正式宣布：「第二十四屆省運大會在嘉義縣舉辦。正式公文很快就會寄達縣政府，請吳主祕代我問候黃縣長、張議長。」

帶著既喜悅又感覺責任加重的矛盾心理，我踏上了歸途。

當我與蔡副議長走進縣長官邸客廳時，看見縣長與張議長等人正在等候我們的消息。副議長迫不及待的說：「教育廳同意省運在嘉義縣舉辦的正式公文，很快就會寄達縣政府了。」

看到大家歡欣的樣子，我卻開始操心如何辦好省運的各項籌備工作。省運的籌備工作，的確是千頭萬緒，幸有縣長的賢明領導，縣政府各級同仁主動積極，相互支援；縣議會的全力配合與支持，乃致一年多後，各項工程均如期在十月初竣工。大會籌備委員會經多次檢查的結果，對各項比賽的場地、設備及選手村的安排等，都感滿意。至於開幕典禮時節目的表演、安全的維護、交通的管制、首長們休憩的地方，亦有妥善的安排。閉幕典禮時頒獎順序、獎品的製作，也已準備就緒。即使如此，我與縣政府相關主管，仍在興奮與緊張交織的心情下，期待第二十四屆省運的來臨。

為期一週的省運，總算在平安與圓滿中度過。對於這段時間縣政府同仁為辦好省運所付出的辛勞、大會期間全體工作人員盡力盡力的表現、縣議員不分黨派大力的支助、市公所的配合、各商店及縣民對外來選手或觀眾的親切有禮等，在在使我銘記在心。

三年多以來，我勤勞樸實的工作精神，不但受到嘉義縣各界的肯定，也由於我公私分明的廉能作為，受到縣政府各級同仁的敬重。在來嘉義服務之前，原本我已有出國深造的機會，只因李錫公認為我還年輕，應先到地方政府

清慎勤實・公僕楷模

嘉縣長口中的幕僚長——吳挽瀾

△△新聞報記者鍾文伸▽▽

在嘉義縣長黃老達六十四年的生涯中，對縣府主秘吳挽瀾的離別，是一件最傷感的事。在他來說，吳主秘是部屬，也是忘年深交的朋友。

他說：當我僥倖當選縣長向中央求才的時候，直覺判斷吳主秘是我未來四年當中最好的搭擋。主秘吳挽瀾名字見報，地方人士均感陌生，甚至用懷疑的眼光探索這位年青人究竟有多大的能耐。吳挽瀾的實際行動不久袪除了他們的疑慮，最終贏得公務員楷模的美譽。

那時，剛剛宣誓就職的黃縣長和倥偬走馬上任的吳主秘兩人同時寄宿在國華街台銀招待所，長夜密談，勾劃出四年縣政府的藍圖，決定安定人事，化派系的阻力為助力，團結地方，共同為嘉縣建設。

早先的一段時期，議會派系劇熱傾軋，變至水火不容，凡屬地方上任何重大提案，沒有一件不會遭到議會的杯葛，一如水廠增資擴建案，公車整頓方案，縣府本身呢？科室各自為政，邀功諉過，玩法弄私，甚至賣官鬻爵，大膽程度，更委實駭人聽聞，而充塞縣政府之間的一團戾氣，更為報紙製造不少新聞。

復甦跡近癱瘓的縣政，掃除這一般歪風邪氣，吳挽瀾開出了一個藥方，以和平為引，化除私心，營養公心，他認為如此才能筋活血舒，脈絡一通，他拿自己做榜樣，不介紹任何一個私人，不浪用公家一片金錢，台俗說：上樑不正下樑歪，如果上面的人多用一塊錢，底下的人將會多用十塊錢，上司營私一分，部屬貪污百倍，他以身作則，堅守不渝，自然能夠循序要求。平常她和科室主管辦事論交，總是臉帶笑容，先說出一番道理，可以做的立刻做，干法礙紀的決不能做，同仁對他口服心服。調和縣府內部人事的工作告一段落，他開誠佈公，以超然的立場，勸導在野派的議員們，放下惡意攻訐的刀槍，拿出建設性的主張，所以黃老達將近四年縣長的任期內，府會之間出現的祥和氣氛，前所罕見。

立刻他全力從事一一八災區的重建工作，一連三個月的一長串日子，他居間協調策劃，有時通宵達旦，雖然害上了腸胃病，卻眼見連雲巨廈一幢幢的自瓦礫堆中升起。他執行公車一千萬元增資整頓方案，使瀕臨倒閉的公車起死回生，他實現水廠擴建工程，預計六個月內消除嘉義水荒，解決工業用水，他把繁榮帶到山區，預計開發十七條的產業道路，他協助完成了十一條，其他如觀光區的整理，地下水的開發，漁港的興建，凡屬黃縣長的政見，以及地方零星建設，無不悉盡心力。

五十九年三月全省中小學聯運的輝煌成績，讓廿六屆省運的火炬照亮了嘉義，這是他難忘的愉快時刻，雖然帶來了縣府經濟上的包袱，省運在嘉舉行意義深長，尤其在發展全民體育運動的今天，現代體育設備的完善，終將發生體育上的昇華作用。

黃縣長說：吳主秘和我也是一種緣份，吳主秘的老太爺吳垂昆先生和我同庚，只小我三天，吳主秘和我的長子黃俊雄又是同年出生，奇怪的是我們的看法往往不謀而合，比方觀察一個人，我們會同時發現對方的優點缺點和他胸中的懷抱，可是我是高他一輩的人了，像他這般年齡，有這般學識見解能通達人情的我很少見過。黃縣長十分婉惜吳主秘即將賦離，他說：我要緊張了，過去我的一段輕輕鬆鬆的生活，完全得力吳主秘內外照料，他一走，我眞有點迷惘，要不是黨國需要他擔任更重要的職務，我一定不放他遠走，就是目前，我仍然把主秘一職虛懸，等候他倦遊歸來。因為我們之間從來沒有歧見，我想不到還有比他更好的幕僚長。有些人本事高強，但他的脾氣大花樣多，吳主秘有本領，又忠誠，就是打燈籠也難找到。

離開嘉義縣各大媒體都有顯著報導。資料來源／《台灣新聞報》（61.3.23）

磨練，才改變初衷。由於黃縣長已決定延長任期，我的階段性任務也算畫下了完美的句點。於是在取得先父及岫妻的同意之後，乃答應行政院僑務委員會柯叔寶副委員長，以該會設計委員的名義前往菲律賓從事菲華青年的文教工作。雖然黃縣長再三慰留，因我辭意堅定，只好在他無限的惋惜與無數的讚揚與祝福聲中，讓我揮一揮手帶著黃縣長給我服務嘉義三年九個月的工作評語「清慎勤實，公僕楷模」八個字，告別了使我更成熟的地方。

八千里路雲和月

想著岳飛所寫的〈滿江紅〉中，「三十功名塵與土，八千里路雲和月，莫等閒白了少年頭，空悲切」的詞句，民國六十一年三月，我正好是三十八歲，何嘗不是懷著這種心境，遠離父母及妻女，來到千里之外的菲律賓。

住進馬尼拉唐人街附近的自由大廈，承蒙早在馬尼拉定居與工作的老友許引經兄的照顧，很快便安定下來。另外，也承宓維炘總領事的推介，順利通過面試，進入馬尼拉大學公共行政研究所攻讀。

由於我住的地方就在辦公室的樓上，所負責的工作除了菲華青年的文教工作外，還兼辦一些祕書業務和林樹燦祕書長所交辦的事項，工作內容與壓力比起在嘉義時，當然不能相提並論。正因如此，我才會有時間進修，加以學校

進入馬尼拉大學公共行政研究所攻讀。

距辦公的地方有公車直達，倒也十分方便。

當我在菲律賓一切就緒之後，接到家中的來函，得知岫妻因潘廳長的幫忙，已轉入台北市立女師專附屬小學任教。同時，在先父昔日的僚屬繆愛群先生的協助下，順利貸款在台北市東園街購置一幢三十餘坪的樓房，得以解決住的問題。

自此之後，我因已無後顧之憂，便全心全意在馬尼拉過著半工半讀的艱辛日子。那時我每月的薪津為一百五十美元，除一百美元留作自己的生活費及學雜費支用外，剩下的五十美元則寄回家中貼補家用。因此，每日下午五時三十分下班後，總是在學校附近買個三明治、一瓶可樂帶進教室，趁空匆匆裹腹。下課後約晚上十時返回宿舍，沐浴之後，緊接著便開始閱讀、寫報告，直到十二點過後才就寢。

週末假日，我為菲華青年安排一些靜態的藝文活動，例如散文新詩寫作競賽等，也會帶領他們到碧瑤等地舉辦露營活動。由於我是童軍木章的持有人，懂得如何紮營、野炊，以及如何野外求生。同時，我也利用童軍的小隊長制度，為他們講解領導的藝術，讓他們了解台灣，並學習適當的人際溝通和國際禮儀……。這些多樣化的活動，總是讓他們在笑聲中期待另一個週末的來臨，在掌聲中認識中華文化的精髓。

為菲華青年在碧瑤舉辦週末露營活動。

數十年後，即使有的人已成為祖字輩，在台北市劍潭青年活動中心相遇時，都還會津津樂道陳年往事。記得有一次王麗瓊等人還調侃我當年害他們吃足苦頭，要不是後來回味無窮，大家一定會到台北來找我算帳。

我所就讀的馬尼拉大學成立將近百年，而公共行政研究所，更是他們軍公教在職人員進修的唯一選擇。全班將近二十位同學，我與一位來自泰國的企業界人士是僅有的兩位外籍學生，高我一班的則有大使館的陳姓武官及一位祕書。最初上課時，因為教授們講的英語都帶有濃厚的菲律賓腔調，所以聽課十分吃力，直到三個月後，我才可以不用借抄同學的筆記。為了早日拿到碩士學位，我不但每個學期都修滿學分，連寒暑假期班也照樣去選課。辦公室的一些同事，常不明白我為什麼要那麼辛苦，其實他們何曾了解「身在異鄉為異客」的心情。

由於我的勤學不輟、認真寫作，一年二個月的時間終於通過了筆試，接著便是準備論文的口試。

依照學校的規定，當我的學分快要修畢前，就須向研究所所長提出論文的架構，經數度意見溝通獲得同意後，才能正式撰寫論文提報學校論文審查委員會，通過後始可申請口試。口試日期經研究所報請菲國教育部駐區督學擇定於一九七三年五月二十一日下午二時在公共行政研究所會議室舉行。兩個小時的畢業論文口試，由駐區督學、一位外校教授、兩位校內教授與研究所所長輪流質詢及我的答辯後結束。最後在駐區督學徵詢其他口試委員，甚至還笑著問旁聽的同學們有無意見後，隨即宣布休息十分鐘，五位口試委員一起進入所長辦公室。緊張的時刻，我一直看著錶。十分鐘後，當五位口試委員就座

三十八歲時，遠離父母與妻女，在馬尼拉熬過半工半讀的艱辛歲月，終於能獲得碩士學位。

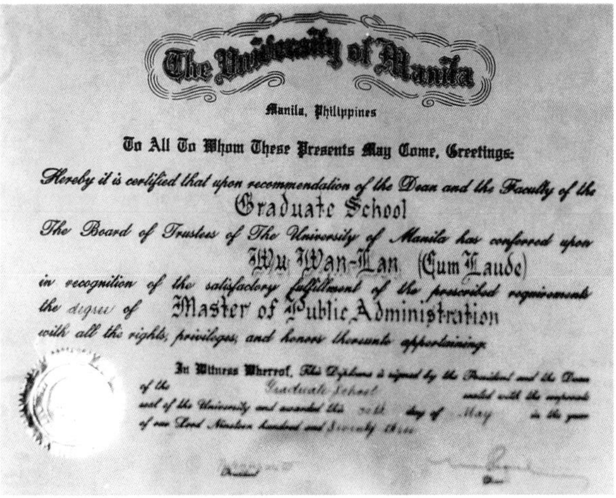
The University of Manila
Manila, Philippines
To All To Whom These Presents May Come, Greetings:
Hereby it is certified that upon recommendation of the Dean and the Faculty of the
Graduate School
The Board of Trustees of The University of Manila has conferred upon
Wu Wan-Lan (Cum Laude)
in recognition of the satisfactory fulfillment of the prescribed requirements
the degree of Master of Public Administration
with all the rights, privileges, and honors thereunto appertaining.
In Witness Whereof, This Diploma is signed by the President and the Dean of the Graduate School sealed with the corporate seal of the University and awarded this 20th day of May in the year of our Lord Nineteen hundred and Seventy three

完畢，駐區督學隨即正式宣布：「吳先生，我們都同意通過你的論文口試，恭喜你！」一此時此刻，我最想要做的一件事，就是趕快讓父母親及岫妻知道：我終於沒有辜負你們的期望！

翌日，踏著輕快的步伐走進辦公室，同仁們都為我道賀，有的甚至還建議我繼續攻讀博士班。其實他們哪裡知道救國團的執行長宋時選先生（主任祕書的職稱已改為執行長）早就希望我能盡快返國，接任總團部的社會組組長，而家中老父老母及妻女，亦都盼望我能早日學成返家團聚。尤其是岫妻一首李後主的〈相見歡〉：「無言獨上西樓，月如鉤，寂寞梧桐深院鎖清秋。剪不斷，理還亂，是離愁，別是一般滋味在心頭。」更是加速了我的歸心似箭。

我在菲律賓工作的時間雖然不長，但與林樹燦祕書長、許引經副祕書長及辦公室每位同仁的相處卻是水乳交融。而且一些年輕的朋友，更是友情可貴，活動時積極參與，工作時主動幫忙，一直到我回國。後來只要他們來到台北，都會找我敘舊。尤其是姚望深等五位常委，因了解我的出身，更是對我無比的優渥禮遇。據聞目前多位均已作古，緬懷他們對我的厚愛，真是令人不勝感嘆！

重作救國團的人

在救國團執行長宋時選先生的期待下，民國六十二年四月我重回救國團擔任社會組組長，首要的任務，便是強化義工的制度。同時，為了教學

從菲律賓學成返國後，在救國團執行長宋時選先生（左）的期待下，二度回到救國團擔任社會組組長。

相長，我也應聘在母校中興大學公共行政系兼授「行政學」。

根據社會學家的解釋，所謂義工（Volunteer）便是指人們基於一份理念或志趣，利用餘暇的時間，奉獻一己的心力，從事有益於公眾事務的一種無報償的行為。換言之，有報償的行為就不能稱之為義工。

世界上愈是重視福利的國家，沒有不重視義務服務的。在歐美的先進國家中，只要提到自己是一個義務服務員，就沒有不受到人們尊重的。因為他（她）是在為需要服務的人或社會做沒有報償的服務。因此，當時我對專職的社會組同仁說，如果我們對「義工」這個名詞有了正確的認知之後，便可以了解義工跟團的關係，是朋友的關係，是工作伙伴的關係，情感的關係，不是上級與下級的關係，更不是長官跟部屬的關係。所以，我們在聘請義工之時，就不能忽視下列的程序：

一、訪視。

二、懇談。

三、致聘。

四、分工。

五、座談。

六、榮譽表彰。

為了表彰義工的勞績與功績，我們設計了不同種類的獎章。為了增進義工的向心力，我們更特別製作了一首〈服務歌〉，那就是現在仍為義工們琅琅上口的「燃燒自己，照亮別人，獻此心，獻此力，為國家，為人群……」，我記得歌詞是經過執行長宋時選先生親自修改，曲譜則是請學音樂的義工共同創作。於是，沒多久後，全

救國團是一個具有教育性、公益性、服務性的組織，而全國的義工們乃是團推動各項工作力量的泉源。

國各地到處都可聽到「燃燒自己，照亮別人……」的歌聲。

不僅如此，為了開展教育性、公益性、服務性的工作內涵，各縣市社工組都會約集全縣義工幹部座談。為了增進彼此間的情誼，互相傳達訊息，開拓專業的知識領域，各鄉鎮市區團委會也都會定期舉行月會。當我第一次把各縣市舉行義工幹部座談的日程表，陳請宋執行長核閱並希望他能親自參加時，他皺起眉頭頗感為難的說：「我哪有那麼多的時間南來北往，走東到西。」直到出席過幾個縣市義工幹部座談後，他才體會出一份感情與愛心的投入，經由義工系統，輸出「我們為青年服務，青年為國家服務」的喜樂和成長。換言之，我們推動義務工作的原動力，其實是來自彼此的情感交流，進而相互欣賞，相互激勵，才能美化自己的人生，純化我們的社會，讓更多的青年成為國家健全的公民。

十五年後（民國七十六年），我擔任總團部的副主任時，有感於時代在變、潮流在變、環境也在變，救國團的服務市場，必須從壟斷性、支配性轉變為競爭性，適法性，才能因應時代變化的需要。加以當時社會價值觀的多元化、倫理觀的日漸淡薄，以致我曾在全團專職幹部講習時對同仁們強調：「教育性既為本團三大屬性之首，因此，本團今後的工作面向，實應發揮生活的、倫理的、民主的、法治的、愛國的教育功能。生活教育必須從我們本身做起，例如環境整潔的維護，我們要發動義工幹部的力量以身作則，在活動中推而廣之影響青年朋友身體力行。倫理教育是中華民族固有的優良傳統，孔子曾謂『敬人者，人恆敬之』，由於現代青年人倫理觀念日漸淡薄，不懂得尊長恤幼，外國人彼此見面都會點頭微笑或打個招呼，我們卻視同陌路。人與人之間要想建立良好的人際關係，首應從『尊重』做起，因為人與人間若缺少『尊重』，便容易引起爭端。社會上若能有更多的人為別人著想，這個社會將會更美好，所以倫理教育非常重要。民主是時代的潮流，社會的核心價值，民主教育就是要讓人知道相互欣賞、忍讓和妥協。妥協的意義在於彼此修正己見，尋求一個讓彼此都能接受的平衡點，而不是比誰的拳頭大，聲音高。至於法治教育，所謂『家有家規，國有國法。規矩者，法度也』，人在社會上若缺少法治的約束，漠視法治的重要，社會脫法、脫序的現象就會層出不窮，影響人民的安居樂業。如何藉由本團促進大眾的守法觀念，了解並切實去奉行法治，實為重要的課題。愛國教育不是口號，是要使人人將愛國的觀念化為具體的行為，並表現於日常生活中，像認同中華民國、敬愛我們的國旗等。沒有國，哪有家？這是每個人都應該有的認知。」

同時，我也期盼每位同仁都能做好自己的角色，讓自己隨時隨地都能成為一位受人歡迎的人，進而肯定自我的價值。而對義工伙伴，或青年朋友尤應要有「放鞭炮」的襟懷，就是說我們只管鞭炮響不響，不要去計較誰來放鞭炮。事實上每一個人都有不同的價值觀，也都希望有所表現，故與義務幹部相處或帶領活動，應該讓每個人都有成就感，如果能因此而獲得青年朋友們的掌聲、歌聲和歡呼聲，便是我們最大的回饋與安慰。

我和救國團似乎很有緣，前後曾經三進三出，每次雖不是我主動的爭取，

救國團雖曾迭遭內外環境的衝擊，幸賴李鍾桂博士（中）在十八年主任任內的卓越領導下，突破困境，創造佳績。

但我人生中長達二十年的金色年華，確實是奉獻給了青年工作。以致在六十週年團慶時，我獲得由馬英九總統親頒之「團務終身奉獻獎」一座。

我自民國七十六年，被徵調由團務到黨務，再轉政務，每當看到團務工作迭遭內外環境的衝擊，幸賴名譽召集人李鍾桂博士在十八年的主任任內殫精竭慮，堅忍不拔，才得以率領全體同仁在救國團三進三出，為青年工作奉獻二十年金色年華，因此在民國一〇一年的救國團六十週年團慶時，獲得由馬總統親頒「團務終身奉獻獎」。

衝破重重的困境，走出坎坷不平的道路。疾風知勁草，展望來茲，希望救國團能在年輕有為、充滿幹勁且才華洋溢的張主任德聰博士領導下，展布下列各項方策，以開創救國團的美好未來：

一、把握服務業的特性：親切、迅速、禮貌、整潔、深耕——站在消

費者的情境思考滿意度。

二、建立獨特的品牌：活力、專業、主動、實在、氛圍——掌握消費者的心理，行銷通路多樣化，工作內容多角化，服務領域國際化。

三、塑造公益的形象：從救國到服務，讓個人的價值觀結合團的公益形象，展布新局。

Part 3

為報知遇披戰袍

受到蔣主席經國先生的器重，我從中央組織工作會的副主任，調任高雄市黨部主任委員。

宵衣旰食報知遇

面對民國六十七年底的中央民意代表選舉，已從省教育廳長轉任中國國民黨台灣省黨部主任委員的潘振球先生，竟希望我去擔任省黨部的書記長。為了報答他多年來對我的知遇之情，我實在沒有任何理由說「不」，只希望他能先徵得執行長宋時選先生的同意，經他告訴我宋執行長已經同意了，於是，六月十四日中常會通過了我的書記長任命案後，我便懷著一份誠惶誠恐的心情，邁開了從事黨務工作的第一步。

為了扮演好省黨部幕僚長的角色，及不辜負潘主委的期許，我盡心盡力做好內部各單位及各縣市黨部間調和鼎鼐、承上啟下的工作，更重視與省議會各個黨籍省議員及省政府各廳處的協調溝通

革命實踐研究院曾為中國國民黨，培養眾多的菁英幹部。圖為民國六十五年十二月十五日蔣主席經國先生蒞臨國建班與學員合影。後排右起第三人為作者。

工作。不僅如此，為了讓潘主委有更多時間訪視各縣市，每日多達一、兩百件的卷宗，我都秉承主委的授權，除重大選情及人事經費外，多數都由我代為決行，以致每日總忙至深夜才能就寢，即使患重度感冒，仍硬撐著力疾從公，潘主委聞之甚為感動。

正當省黨部人人都在為贏得年底選舉做好準備工作時，美國國務卿季辛吉卻悄悄前往北京，直到尼克森總統正式宣布中美斷交。國家突然遭逢如此重大的變局，政府乃毅然決定停辦年底中央民代選舉。當潘主委在中央黨部電知我此一訊息時，我的直覺反應便是要立即停止撥發一切輔選經費，經潘主委在電話中認可之後，我隨即告知省黨部財委會陳常委，有關年底輔選的一切經費，從省到縣市黨部均一律停止支付。因此，潘主委從台北趕返省黨部，得知我已將此事辦妥後，一直誇讚我反應敏銳，作法正確。

隨著選舉的停止舉辦，潘振球先生奉調救國團主任，宋時選先生接任省黨部主任委員，同樣是照顧我的老長官。我循往例提出辭呈，他卻幽默的對我說：「是不是還要我批示慰留？」

宋時選先生接掌省黨部後不久，便將救國團親切、自然、實在的作風與作法，帶到各級黨部，確實讓人耳目一新。翌年，中央民代選舉恢復舉辦，有關輔選的工作，在宋主委穩健、平實，有所為，有所不為的領導，加以謝又華副主委的輔佐，及全省黨工幹部群策群力的努力下，總算交出了一張亮麗的成績單。

民國七十年二月，有一天宋主委從台北返抵省黨部後，立即找我及謝副主委到他辦公室，很嚴肅的說：「今天上午中常會後，組工會梁孝煌主任跟我說，希望我能讓吳挽瀾書記長到組工會去擔任副主任，當時我回答他讓我回去問一問吳書記長的意見。」接著，他便問我的意見如何。

記得當時我毫不猶豫的回答：「多年來承蒙您的愛護，我豈能見異思遷？」聽到我這樣說，謝副主委乃從旁進言：「你又何必要阻擋年輕人的前途呢？」最後，宋主委幾經思考，終於答應了梁主任的要求。

在中央組織工作會擔任副主任的兩年歲月，由於我是被分管各種黨部的組織及輔選任務，使我不但對黨的組織體認更深，對輔選工作也了解更多，同時，亦盡心盡力為梁孝煌主任做了許多排難解紛的工作，甚獲他的認同與讚賞。

民國七十二年二月十五日（星期二）的下午，蔣主席經國先生突然在中央黨部召見我，他先問我：「你認不認識許水德市長及陳田錨議長？」我簡短的答覆：「認識。」接下來又問我：「你對高雄市熟不熟悉？」「十幾年前

我奉派接任高雄市黨部主委後，由於與當時的許水德市長（中）、陳田錨議長（右）均為舊識，故三年多來府會關係良好，而且合作無間。

曾在高雄市救國團工作了四年。」聽完我的回答後，他便說：「高雄市黨鄭主委因病請調，大家認為你去接任最為合適。」當我正要發言時，他起身說了一句：「我看就這樣決定好了。」接著他便要我去見蔣彥士祕書長。

在蔣祕書長辦公室，我帶著滿腹疑團說：「剛才主席召見我，要我去接高雄市黨部的主任委員，組工會不是簽報了另一位副主任嗎？」蔣祕書長笑著對我說：「那你剛才怎麼沒問主席？」我說：「我還沒有來得及開口，主席便稱『就這樣決定好了』。」

於是，蔣彥士祕書長拍拍我肩膀說：「過幾天我會陪同你去高雄市到任。」沒想到第二天的中常會，便通過我為高雄市黨部主任委員的任命。

五日之後，在蔣彥士祕書長及梁孝煌主任的陪同下，我正式接任中國國民黨高雄市黨部的主任委員。

運籌帷幄定乾坤

春風嘶戰馬，雲霓望旌旗。

我懷著戰士上戰場的心情，執掌高雄市的輔選兵符。因為從我接任主委之日起，到年底立法委員的選舉，只不過三百天的日子而已。加以高雄市雖為一新興發展中的院轄市，由於升格未久，故就市民的文化水準、教育及知識層面的深度與市政建設的廣度言，均呈現出某種程度的落後現象。正因為如此，接任伊始，首先我把高雄市的人口結構、選民特性及基層工作所面臨的問題作了深入的了解與分析。

依七十一年底的統計，高雄市的人口總數為一、二四八、一七五人，公民總數為七一六、〇七二人。其中男性占百分之五一．三六，女性占百分之四八．六四。

就職業類別言：勞工占百分之三一．一，工商企業占百分之二六．二，漁民占百分之十五．一，公教人員及其他職業占百分之二十．七。

就教育程度言：初中以下程度占百分之六八．三，高中程度占百分之二十．六，大學以上程度占百分之十一．一。

就年齡結構言：二十歲至二十九歲占百分之三五．二，三十歲至三十九歲占百分之二十六，四十歲至十九歲占百分之十六．四，五十歲至五十九歲占百分之十三．二，六十歲至六十九歲占百分之六．五，七十歲以上占百分之二．七人。

依上述分析，可了解高雄市婦女公民數幾乎占全市人口的半數。鑑於婦女就業率的提升，她們獨立自主的意識亦隨之濃厚。而二十歲至三十九歲公民數超過百分之六十一，由於彼等對民主政治的不同認知，導致自主意識的投票行為傾向亦隨之明顯。尤其勞工、工商企業、漁民公民數更是超過百分之七二．四，而彼等價值取向多元化及社會競爭性增強的結果，促使彼等求新求變意願增高，反對權威，易受宣傳及偏激言論之煽惑，影響投票行為頗鉅。

凡此等等，每每形成黨員同志接受組織生活或參與組織活動的趨向減弱。

加上組織對黨員的教育、訓練與照顧的不足，以致部分黨員對主義了解不深、對黨紀認識不清，遂產生組織意識模糊，甚至少部分對政治參與過分熱中的同志，輒有懷才不遇之感，易被紛歧言論所惑，影響基層組織工作的推展。同時，基層義務幹部論品質是基層黨務工作的菁英，論數量該是黨的骨幹，殆無疑義。惟遴聘之先，彼此缺乏深入的了解，有的甚至囿於人情，或遷就地方勢力；遴聘之後，又未給予充分的工作講習、適度的工作激勵，使得他們對黨的工作參與幅度不大，工作熱忱不高，儘管各區黨部均有各種分工措施，亦僅是出席「開會」而已。且基層專職幹部基於觀念的守舊，對於「義務幹部」的意義往往體認不深，以致建立以義務幹部為主體的觀念未能落實。

基於以上的體認，我首先確立「把情感貫注到基層，把人才獎進到基層，把榮譽歸屬到基層，把工作落實到基層」的工作理念，進而力求達成「組織精實化」、「工作地區化」、「活動社團化」、「服務社會化」的工作要求。

有關「組織精實化」，就是要使基層組織成為充滿活力的有機體，成為「造勢」、「用眾」的戰鬥體。其基本的作法是：

一、精實小組編組：按黨員意願、興趣、專長、職業、教育程度及聯繫方便等因素分別編成「文康性」、「技藝性」、「學術性」、「服務性」、「地區性」等不同類型的小組，藉由個人興趣、日常生活與組織任務相結合，使黨員同志人人納入組織，個個參加活動。

二、充實工作條件：針對高雄市社會結構的特性，對於各區級黨部的工作條件，諸如人力、物力、財力之充實，以及文書報表工作的簡化等，作通盤性的檢討與規劃，以便落實基層工作。

三、強化組織活動：把握「黨員為黨的主體」的原則，要求各區黨部針對地方需要，擴大延攬義務幹部參與基層組織工作的設計與執行，確實做到天天有活動、處處有工作，如舉辦自強月會，以增進同志對國情世局的了解；舉辦茶話會，以溝通工作觀念，創新工作作法；舉辦聯誼會，以增進彼此間的情誼，縮短同志間的距離；舉辦研習會，以啟發民智，提升同志的生活意境，從而實踐「本黨永遠與民眾在一起」的主張。

至於「工作地區化」，就是把握市場區隔的原則，做到時時了解地方的需求，事事為黨員切身利益著想，具體的作法如下：

一、在區民眾服務分社設置「勞工服務中心」、「工商服務中心」、「漁民服務中心」、「法律諮詢服務中心」等，分別由各級民意代表，自行認定服務時間和服務項目，了解民瘼，疏解民困。

二、改進小組活動，鑑於傳統的小組活動討論主題每多艱澀而教條化，且與同志的日常生活脫節，以致參與意願不高，改進之道首應從生活化、地區化的角度切入，才能引起黨員出席小組活動的興趣。像小港區是一個農業區，在該區的某次聯合小組活動便是參觀水稻改良品種「高雄六十七號」栽植觀摩，而小組討論主題則是「如何相互介紹農業知識及技術，以促進本區農產品之增產」，綱要包括農產品栽培、推廣，病蟲害的消滅，以及如何使用、保養及修護烘乾機、插秧機等農業機械以提高生產。由於這些討論的內容，都是針對事實，對同志們本身也都具有實質的助益，所以進行起來，氣氛極為熱烈，收效也就十分良好。

三、重視小組長等授證儀式：我一直認為小組長、義工授證及黨員入黨儀式，應該要有教徒接受洗禮的莊嚴心情，有了這份心情，才能強化他們的組織意識。否則，授證完畢，一切也都結束，徒有其儀式而已。

談到「活動社團化」，以我的體認，黨務工作不能辦得太僵硬、死板，辦活動更不能制式化。由於高雄婦女人口占到總人口將

擔任高雄市黨部主委後，為強化基層幹部的向心力，對小組長等的授證特別重視。

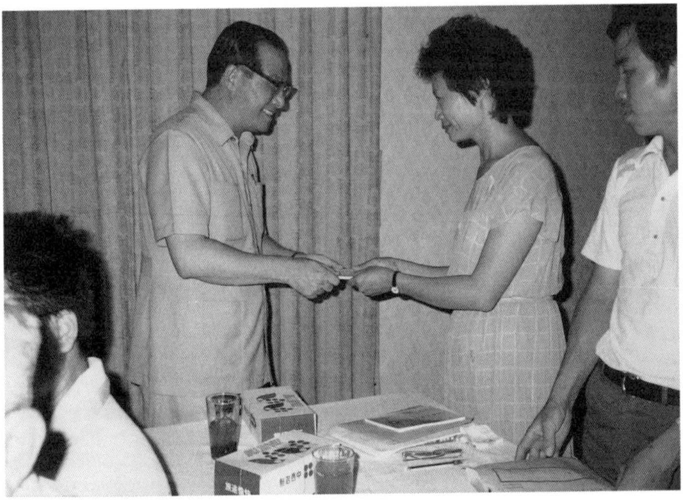

近一半，我們就必須以社團化的方式，針對她們的喜愛與需要，成立各種不同型態的社團，包括韻律操、水果擺切、中國結、插花、國樂、禮儀美容、歌唱、說話藝術、煮飪、書法、繪畫等，這些別開生面的社團活動，的確激發了她們很高的參與興緻。而這樣的作法，對高雄市基層婦女的黨務工作，的確是邁進了一個新的里程。

「服務社會化」更是我到任後的一種新構想，因為能夠結合眾人的力量，做有益於眾人的事，是組織發展的另一種動力。依據高雄市當時的資料統計，職業性團體及社會性團體多達四百七十二個，會員總數占全市選民百分之二十五，其影響力大到不容忽視。因此，我經常要求第一組、第二組、第四組及婦工會等單位，主動為各民眾團體的負責人、各民眾服務分社的理監事及青年服務隊長、慈善團體的負責人、國際性社團的負責人、市場協進會幹部、歷屆好人好事代表，以及基督教、天主教、佛教、道教、回教、一貫道等各宗教團體神職人員等，安排參觀國家建設。也為工商婦女、勞工婦女、女性新聞從

業人員、女性攤販、女性美容師等舉辦生活性、藝文性、知識性、技藝性，以及親子教育講演等系列活動，以便透過服務接通情感的管道，透過情感貫通工作的管道。同時，在活動中尊重他人的意見，讚美別人的成就；摒棄「示惠」或「施捨」的心理，務使專職黨工及義工幹部在地方上樹立榜樣，不僅是地方上最關懷同志及民眾

執掌高雄市的輔選兵符，請岫妻（中）前線督軍，動員婦女力量。

困苦的人，也是一位最受歡迎的人。

不僅如此，為了拓展「服務社會化」的廣度與深度，我更在市黨部成立「為民服務專案協調小組」及「社會脫序問題研究小組」，結合從政從業人員及專家學者的力量，共同研處基層亟待解決的問題，與有效處理基層反應之興革意見，來避免一些未能解決之懸案，所產生的負面效應。

以上這些作法，都是為了高雄市的黨務工作不要再蹈常襲故，必須要在接近群眾、鞏固基層、建立情感等方面具有創新的作為，才能精進基層的工作，發揮組織的活力。

同時，為了促進民眾及黨員對政府與本黨的認知和向心力，我也提出文宣工作生活化的要求。因為黨的文宣工作，應該重在平時，重在主動，重在間接，重在無形；並要能針對形勢，因應變化，立所應立，破所當破。因此，我要求第四組平時盡量借重文教界、企業界、勞工界、漁業界、婦女界的年輕優秀同志，參與市黨部文宣工作之策劃與推展。同時，配合從政從業同志的力量，就我國當前安定繁榮進步的實績，分別經由「組織體系」及於黨員同志，「行政體系」及於里鄰家戶，「教育體系」及於教師學生，「民眾團體及宗教體系」及於各業會員與神職人員。在另一方面，更主動接近對我們有距離的人，加強溝通對我們不了解的人，努力化解對我們有成見的人。而且，也透過口語傳播，把握「真實」、「通俗」、「普遍」的原則，在菜（漁）市場，在寺廟教堂，在餐館電影院，在公共汽車、輪渡及工廠等群眾聚集的場合，讓民眾了解政府為大家做了哪些事。讓民眾建立「要安定，要團結」的共識，藉以反制醜化政府及本黨形象的言論。此外，並配合時令，例如在春節印製春聯向全體市民拜年，為計程車駕駛員製作國、台語歌曲錄音帶，為婦女印製年夜飯食譜，為工商界人士、農民、漁民印製五路財神、五穀豐登、年年有餘年畫；在母親節及護士節製作康乃馨花朵和賀卡，更於警察節、端午節製作海報及香包，以對櫛風沐雨、終年辛勞的警察表達敬意。凡此文宣工作生活化的作法，都是為了要達到間接宣傳的目的。

我也深知，黨的組織要能發展，除了應落實上述各項作法之外，尤應重視專職幹部的意見溝通，以及工作觀摩與表揚來振奮士氣。因為幹部決定一切，幹部需要鼓勵。我曾要求人事部門，非有特殊功績，盡量避免躐等躍進，以免堵塞升遷管道。我自到職以來，為求激勵專職幹部士氣，從未進用任何一位私人，即使貼身之機要人員，亦是從基層遴調。對於市區兩級人事之升遷調補，亦是在「忠誠、貢獻、學能」的準則下，依據個人檔案資料及工作績效，由人事評審委員會作公平、公正、公開的調整。

面對年底增額立委選戰的逼近，我之所以能運籌帷幄，決勝於黨外人士的來勢洶洶，主要是得力於市區兩級專職與義工同志的不眠不休，對基層黨務的深耕。以及我到職後，對社會結構的了解，對選民特性及投票行為取向的掌握。

當時，黨外人士如蘇秋鎮、張榮顯、張俊雄、許嘉生、郭麗莉等，個個都是能言善道，學歷又高的強棒。根據上屆黨外立委的得票率約在百分之三十四左右來看，在這屆五名增額立委中，本黨不論是足額或不足額提名，地方人士及媒體都認為，最客觀的看法是坐二望三。因此，當時不足為外人道的袖裡乾坤，便是如何增強黨外人士的參選意願，使他們在個個當選有望的吸引下，互不相讓，形成參選愈多，分散黨外票源的機會愈大的結局。

我曾把年底的選戰視同軍事作戰，分為戰略、戰術、戰鬥三個層面來作思考。

為了戰略的部署、戰術的運用與戰力的增強，我幾經和市黨部重要幹部磋商，也請教過無數對選戰有經驗的地方人士，咸認此次增額立委的提名，應以有辯才、形象好且具有區域代表性者為優先考慮的對象。於是我把高雄市分為東、南、西、北四個地區，決定每個地區提名一人，這樣的部署，也為的是選戰展開後，我們的票源不要相互衝突。

接著便是提名人選的物色，為了訪求適合參選的候選人，我花了相當多的精神週諮博詢。最後在人口多達二十五萬的三民區提名吳春雄，左楠區提名孫禮光，苓雅、鼓山、鹽埕、前金區提名王清連，前鎮、小港區提名吳德美。在四人當中，吳春雄可代表本地籍，他在高雄工專任教，希望能爭取王清波原有的公教票源。大陸籍人口不少，由軍法官出身的孫禮光來代表。而高雄人口，屬在地籍的人口數只占全市人口百分之三十五，其他縣市遷入人口占百分之六十五，其中以台南籍、澎湖籍與大陸各省籍為最多，因此，曾任市議員、國大代表、工業團體選出的立委，現任台南同鄉會理事長的王清連自為理想人選。且因婦女人口占全市人口百分之四十八，當然要有代表，加以澎湖籍人士也希望有人代表本黨參選，於是提了現任市議員且口詞犀利的吳德美。

本黨提名人選經中央核定公布之後，我不僅運用了一切關係，更費盡了唇舌，勸退了有意參選的龍鳳鳴、王天競及高登得等諸位優秀同志。然後在戰術運用上，則借重從政從業及某些同志的力量形成「敵分我合」的態勢，進而運用組織力量，展開文宣攻勢，並要求被提名的四位候選人穩紮穩打，守法守己，即使黨外人士對我指名叫陣，我也始終以靜制動，避免為其造勢。

就在「鞏固基本票，分化反對票，爭取游離票」的策略運用，加以許水德市長、陳田錨議長及其他關鍵同志的鼎力相助、各級幹部卯足全力輔選下，乃使黨提名的四位候選人全部順利當選。全壘打的戰績，令港都人士跌破眼鏡，也開始對我刮目相看。

民國七十四年底市議員及正副議長的選舉，則是另一次對我輔選功力與能力的考驗。

為了充實市議會新血輪，除原有的一些青年才俊外，我刻意提名了形象清新的三民區蔡見興、楠梓區周鐘泚等為市議員候選人，選舉的結果，新人雖然全部當選，卻與原先市黨部所訂定要當選三分之二以上的席次目標，稍有落差。

隨之而來的正副議長選舉，結果固然是圓滿達成輔選使命，但過程卻是一波三折。

對於議長人選，市黨部原規劃素孚眾望且穩可當選連任的陳田錨先生，然而其淡出政治的意念甚為堅定，從市議員提名登記開始，便數度婉拒了市黨部的勸進。經與市議會精明幹練的吳鴻顯祕書長研商後，決定由我親自前往台北市中山北路台泥大樓拜會陳議長的尊翁啟清先生，經兩度長談，終於蒙允協同進言。於是在黨國的需要及父命難違下，陳議長勉予同意參選，並高票當選市議員及議長。

至於副議長候選人朱有福先生，截至投票前一日的深夜，雖然是聖誕節的平安夜，但由於張益郎及楊振添兩位議員堅決介入副議長的選舉，使得選情充滿變數，實不平安。幸賴陳議長的積極斡旋、吳祕書長發揮甘草作用，以及有關人士的關鍵性疏導，因此在最後一刻，彼等為了市議會的團結和諧，同意無條件退出選局，才使選情「守得雲開見月明」，而朱有福副議長也高票當選。我「無聲勝有聲」的種種作為，也再度受到高雄市各界人士的肯定。

在高雄市黨部主任委員任內，為選戰運籌帷幄確實勞心勞力。

選情的風雲變幻

我在高雄市四年一個月的任期內，歷經兩次立委及國大代表的選舉，一次市議員和正副議長的選舉，一次監察委員的選舉，加上里長，甚至各種民眾團體及職業團體負責人改選的輔選，除監委的輔選未能畫下完美的句點外，其餘可說都是順利達成任務，影響高雄市政治生態良性發展甚鉅。

依我的經驗，任何選舉都會因主客觀環境的驟然改變，而使選情也隨之像風雲般的變幻莫測。就以民國七十五年的監委選舉言，其輔選過程突然變化，就曾令我感慨萬千。市黨部原先的規劃，是在五席的名額中，提名現任的李存敬、朱安雄、洪俊德等三位同志，依例保留兩席予無黨籍的施鐘響、林孟貴（女）。沒想到在黨內登記截止後，黨中央忽然執意要讓王前市長玉雲之胞弟，時任《台灣時報》發行人之王玉珍同志報備參選。雖然在中央提名審核小組中，我曾率同市黨部副主委李德昌等重要幹部，再三分析不遵守黨內提名作業規則、不顧市黨部對整個選戰之布局，即使王玉珍是個人才，由於他的票源與李存敬的票源嚴重衝突，勢必會打亂選局，甚至造成李存敬的落選。但中央長官們一昧遷就現實，主持會議的祕書長馬樹禮更以「反正都是黨員同志，誰當選都是一樣」作決定。

返回高雄市後，我立即將情況告知李存敬，並請其加強鞏固票源，同時也請教議長陳田錨及市議會黨團因應之策，終因王家在市議會之人脈甚廣，選舉結果不出所料，報備參選之王玉珍取代了正式提名的李存敬。於是我便成為「萬方無罪，罪在一身」，而各種流言蜚語，使我無從辯解，更難期望長官或知情者對外說明，只有默默承受落選者之誤解與責怪。基於自己的俯仰無愧，因為，果有所偏私或收受某方好處，紙豈能包得住火？黨工既然如此難為，實不如歸去。乃主動向馬樹禮祕書長堅決表達辭意，隔週當馬祕書長告知，主席（經國先生）希望我回救國團時，我未加思索欣然同意再度從事與人無爭的青年工作。

「行至水窮處，坐看雲起時」，寐夜自思，四年多以來，我為高雄市黨的基層組織所奠定的基礎，不論是基層組織工作的深耕、民眾服務分社多樣化的經營、民意代表定期駐區服務、義工制度的強化與推展、文宣行銷觀念的建立、選民結構的研析，以及戰略、戰術、戰鬥的運用等，都有創新的作法，而這一切的一切，不僅禁得起時間的考驗，也受得住港都人士的檢驗。

揮別港都留去思

人民的眼睛是雪亮的，我在高雄市任內的所作所為，全看在港都人士及黨工同志的眼裡。就在我救國團的新職即將發表之際，我收到一些地方人士函件的慰問與鼓勵。其中有的說：「您四年成績可觀，任內深知民間疾苦；創新黨務工作，良好形象被認同」。另有一封函件是這樣寫著：「從黨工朋友口中了解，您對部屬工作要求極為嚴格，但對部屬的生活、安全卻相當關切，您有接受不同意見的雅量，您待人處事溫和親切，個人生活卻嚴謹而節儉，往往一個便當、一碗牛肉麵，就能解決一餐，您四年的辛勞大家有目共睹，也令人讚賞與懷念。」這些真情流露的詞句，實在令我感動不已。

在黨工人員的函件中，資深黨工鄧榮的一封信，提到我為黨辛勤劬勞的感念，和來日不能再追隨好長官的複雜情緒，最令我動容。「記得您初到高雄時，泱泱風範，奕奕神采，如今卻是兩鬢斑霜，額頭微禿。四年多來，宵旰勤勞，任怨任謗，您對高雄所作的犧牲奉獻實在是太多太大了。」鄧榮提到，

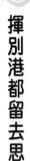

「您個人當然不會汲汲於進退得失，但身體健康當是人生至貴至寶。您現在的新職，想必不會比在高雄時更繁更忙，可藉以韜光休養，為黨國負更重的責，走更遠的路而珍重。從此也可免南北奔波之勞，每天亦能晨昏歡敘天倫。」鄧榮更以古人對當道者有「和不失正，貞不絕俗，勤不知勞，廉不表異」之譽，而肯定「您真的符合了這四項美德」。他更在信函中說：「我濫竽黨職三十六年，追隨過十八位主委，他們之中，能求其全者，尚未得其一。您卻是四美俱備，無疵可議。您秉持無私無我的原則，不忮不求的情操，嶙峋風骨及忠誠率真的稟賦，市區兩級同仁無不敬之愛之，高雄各界亦莫不衷心誠服，譬之為良師、益友、好長官。在市黨部的歡送茶會中之感性表現及高雄各界前往機場送行時自發自動的場面，真是至情至性，表露無遺，也是歷任主委惜別時所僅見。這比之古人『折柳贈桃』更勝百倍，實在彌足珍貴。」

如今我再度翻閱這些紙已泛黃的函札，真是令人不勝噓唏！「吳主委一介不取的操守，大公無私的精神，以及愛護部屬的情懷，實是令人永遠難忘。

在港都四年一個月的積極任事，令人感念不已，因而揮別港都時，民意代表及各界人士都到機場相送。

例如，每次選戰的結束，所有結餘的輔選經費，他都要求財務人員盡速悉數繳回中央。而他從到職之日起，便未進用過任何一個私人，即使是身邊的機要人員，亦是從現有的基層男性幹部中遴選。至於四年多以來，他給部屬的鼓勵，實遠超過對部屬的責難。這種光明磊落的胸襟，雖未盡為人知，卻贏得各級黨工幹部的敬愛。」資深

黨工陳錫圖同志所寫的這番話，也使我久久難以忘懷。

四年的辛勞換來兩鬢的飛霜，誠如一些報章雜誌在我臨別的前夕，對我作了以下的綜合評論：「吳挽瀾主委平易近人的作風、積極任事的態度，令人感懷不已；而將近一千五百個日子裡，他謙虛、儉樸、清廉、實在的風範，確實已為港都人士留下無限的去思。」

帶走港都各界人士的珍貴友誼，我走向了人生另一個新的驛站。

Part 4

那美好的仗我已打過

接任中國國民黨台灣省黨部的主任委員後，即面臨立委選舉、國大代表及總統、副總統大選的輔選任務，備感責任重大。

內憂外患力挽狂瀾

在救國團總團部擔任副主任的日子裡，我再度率同昔日的工作伙伴，為創造價值而打拚。為了面對快速變化且競爭激烈的休閒服務市場，我不但協助主任李鍾桂博士度過創團以來最大的轉型難關，也在她睿智的決策下，使救國團邁向了企業化的經營。她一方面要我帶領一些同仁赴日本、美國考察休閒產業的經營策略與方法，一方面根據考察報告，盡速改善日漸老舊的房舍設施與環境的美化，並要求各級同仁提升服務品質的管理，以期與坊間新興的休閒活動場所競爭。尤其面對各活動場所的租約問題，各類社教活動的適法性問題，我曾在全團幹部講習會時，明確要求楊保中處長限期依法處理，以免帶來日後更多的困擾。就在我提出：「承擔責任，珍惜榮譽」與同仁們共勉之際，中國國民黨中央黨部許水德祕書長的一通電話，又讓我在政治的不歸路上，沒有任何選擇的餘地。

民國八十三年三月二十三日中常會通過李主席登輝先生交議我調任中央社工會主任的人事案。

由於社工會的主要職掌包括聯繫、服務與結合農漁民、勞工、工商企業界人士與原住民等，以及加強對國際性、體育性、宗教慈善性團體和各業民眾團體之聯繫與服務，並辦理社會輿情反映，黨內保防和為民服務工作等，涵蓋的範圍非常廣泛。因此，我到職伊始，便體認到現階段社會工作的策進，必須

民國八十三年從救國團總團部副主任轉任中國國民黨中央黨部社會工作會主任。

基於內外在環境的變遷，根據主觀需求，審度客觀形勢，內則致力於前瞻性的策劃，主動性的作為，強化為民服務工作；外則貫通各種不同類型的管道，加強對各業民眾團體之服務與聯繫，以營造團結和諧之工作環境。

當年基於民眾參與團體的意願日高，導致民眾團體的蓬勃發展，社工會當時直接聯繫服務之全國性暨台灣區民眾團體共計五百六十四個，其中三百七十三個建有黨團組織。因為社會的急遽變遷，團體自主性日趨增強，以致社工會對於各業民眾團體之聯繫服務，一方面著重於在扮演中介角色，一方面發揮政府與團體間協調溝通的橋梁作用。至於已輔導成立黨團者，則適時對於重要幹部透過訪問、座談、觀摩等方式，凝聚共識，促進團結，以厚植本黨社會基礎，並成為社會安定發展的中堅力量。且為擴大爭取支持，社工會不但竭盡心力協助各業團體解決困難，諸如工商企業有關外勞限制與環保規定的訴求，農田水利會組織通則與農會人事管理辦法的修訂，漁船進出港手續的簡化，以及勞保費率爭議的疏導等。同時，亦本公正客觀的立場，透過耐心的溝通與協調，對各業團體理監事及理事長改選，進行輔選規劃，以避免因過度競爭導致內部分裂，影響會務之發展。例如我到職不久，便遭遇兩項難題，一為全國總工會理事長的改選，一為中小企業協會理事長的選舉相持不下。前者由於多種因素的牽制，使得中央提名李正宗選情告急，鑑於李正宗出身基層，既無財力又乏人脈，只是人品好，肯做事，我乃當其面在我辦公室打了幾通電話給我的好友亦是關鍵性同志，懇請彼等從中斡旋，免增黨中央之困擾，最後，在李正宗親身拜託下，終於轉危為安，順利當選。至於後者，則更是考驗了我協調溝通的能耐，記得是八十三年的端午節，我隻身提了盒粽子前往積極參選的施毓龍董事長辦公室，從他的老家彰化談到他的創業，從電子業的發展談到他從事音響業的前景，於是就在輕鬆愉快的氣氛下，他了解我的來意，亦體認我的誠意，終於在吃完粽子後告訴我，請在翌日上午約集當事人劉今程、李成家、黃振桑及他本人在我的辦公室共同協商，當他送我離去時，他對我說：「我會尊重主任的意見。」

民國八十三年五月二十三日上午，再度邀請幾位當事人協調，經過三小時的懇切交換意見後，大家都體認到「民主」與「和諧」的重要性，最後施毓龍表示為促進協會之「團結」、「和諧」與「發展」，願意放棄競選理事長，並支持劉今程參選理事長。

數日後，中小企業協會的選舉，就在熱烈的氣氛中，由劉今程順利當選理事長。

更令我難忘的往事，是勸退西陵電子公司董事長吳思鍾競選全國電電公會的理事長。因為當時吳思鍾在業界的人脈，威脅到另一位參選的劉國昭，經過我與吳思鍾數度長談，難得吳思鍾深明大義，同意在維護他應有的尊嚴下，於當時的來來飯店業界關鍵人士的餐宴中，當眾宣布退出競選。一場競爭過程激烈的全國電電公會理事長選舉，終於在和諧中圓滿落幕。

隨著社會越來越開放，民眾團體的角色功能也越來越重要。所以，社工會不但增強了對各業團體的聯繫，也為各業團體積極扮演溝通者的角色。記得社工會當時每月都分類邀請團體負責人與政府相關部門的主管，舉辦小型座談會，就業界所遭遇之困難與問題作面對面的雙向溝通，以紓民怨，以解民困，反應至為良好。

由於我國正由傳統社會邁向現代社會，許多傳統的價值觀，已在轉型中逐漸淡薄。而民智大開，民意高漲，亦導致民眾對政府的需求增多，對政府

中央社工會的工作範疇除了為各業團體積極扮演溝通、橋梁的角色，更主動辦理各種專業性與公益性的活動。

的施政不滿增強，以致我到任之後，除了為民眾團體負責人之改選，盡力做好排難解紛的工作外，更主動因應需要，分別舉辦各種專業性與公益性的團體活動，藉以激發民眾團體的功能，積極掌握社會的脈動。這些活動諸如：「中小企業發展座談會」、「促進工商發展座談會」、「好人好事表揚大會」、「北、中、南區殘障福利團體負責人聯誼活動」、「關心老人健康系列講座與義診活動」、「全國老人福利團體座談聯誼活動」、「環保健行活動」、「全國性宗教團體負責人聯誼座談會」、「績優神職人員表揚活動」、「為民服務工作研討會」，「傳統與現代——行成年禮」、「走過關鍵年代——台灣經濟奇蹟的回顧與前瞻」，以及由社工會策動工商建研會各類企業負責人，如非常熱心公益的李祖嘉董事長等規劃辦理的「建研心、企業愛——愛心園遊會」等。由於李主席登輝先生親自主持或參與其中的多項活動，強化了社工會工作的深度與廣度。

我自任職以來，也深深體認宗教對社會人心的影響。因此，我趁著勤走基層之便，不但拜訪寺廟主持，也接觸各種宗教的神職人員。因我的大女兒是天主教徒，么女兒是基督教徒，而先父早年雖是一位馳騁疆場的將軍，晚年卻是一位虔誠的三寶弟子，以致從各種不同的教義與佛法中，領悟到在快速變遷的社會中，如物質建設過度膨脹，文化及心靈的建設又未予重視，則社會上脫序脫法的現象便會層出不窮，甚至造成人心的混亂與不安。事實上，現代社會風氣的敗壞，就是因多數的國人在起心動念之間，受到蘇東坡所謂的八風「利、衰、毀、譽、稱、譏、苦、樂」外境，著了相。十方來十方去共成十方事，我曾殷切盼望許多居士大德，把學佛禮佛的信念，澆灌人們心靈的福田，把溫暖與喜悅分享別人，為社會的發展帶來正面的祥和效應。

正當我在用個案工作法、團體工作法和社區工作法開拓服務工作的領域，擴大社會工作的影響時，中央黨部許水德祕書長卻突然告訴我，他已獲得李主席的同意，要我出任台灣省黨部的主任委員。那時，高齡八十八歲的父親正患病住院，我將內心的猶豫告知父親時，「做將軍的還怕上戰場嗎？」父親在病床上的這一句話，給了我勇氣，也給了我信心。加上許水德祕書長那句「受過黨國栽培的人，為了黨國的需要，哪能有個人的意願？」實在使我無言以對，乃鼓足了勇氣，也堅定了信心，抖擻精神，踏上征途。

民國八十四年五月十日中常會通過我調任台灣省黨部主任委員的人事案，會後據《中國時報》的報導，對於這項人事案，國民黨副主席林洋港表示，這是李主席與許祕書長經過慎重考慮後的決定，一定會很恰當。他並稱讚新任省黨部的主任委員吳挽瀾幹練用心，必能勝任新職。因為他在台灣省主席任內，我擔任省黨部書記長，為省政建設與省議員之間的協調，的確花費很多心力。如今，斯人已作古，我緬懷其音容笑貌及其對國家的貢獻，實令人不勝追思不已。

五日後，我在許祕書長的監交下，正式接任中國國民黨台灣省黨部的主任委員。

當媒體記者詢問我接任新職的感受時，我則以「沒有擔任新職的喜悅，只有責任加重的惶恐」來形容自己的心情。

由於第三屆立法委員的選舉，政府已訂在八十四年十二月二日舉行。為了跟時間賽跑，我接任新職一週後，便召開擴大工作會報，除了宣示今後我將以「團結、和諧、積極、進步」作為開展基層黨務工作的指標，確立「群眾的、服務的、務實的」工作路線，依循「組織工作要確實、服務工作要落實、文宣工作要精實」的工作要領，把握「關心地方，激勵士氣，服務到家，爭取民心」的工作準則，以開創黨務工作的新局，並在政黨競爭的時代裡，擔負起承先啟後的重責大任。

基於台灣省在落實民主之後，政治形勢的變化，和十幾年前完全不可同日而語。本黨在台灣省的「政治版圖」顯然已經日趨壓縮，尤其在政黨競爭中釋出威權的同時，仍要保持一定的優勢，以資平衡北、高兩市可能失去的席次，卻是我要在艱困的環境中，必須審慎考慮的另一工作使命。

十七年前，我曾經是潘前主委振公，宋前主委時公的書記長，襄助過他們綜理台灣省黨務，也曾在高雄市黨部主委任內有過全壘打的戰績，但昨日的經驗，未必就是今日成功的保證。當我全省走透透之後，我作了客觀的形勢分析，台灣省要想成為影響本黨立委選舉勝選的關鍵戰區，確有不利因素存在。例如各級民意機構一些惡質選風的陰影難以清除，地方派系對某些選區提名人選的影響依然存在。新黨很有可能徵召形象清新的人士出擊，以分散本黨的票源。民進黨的總統提名造勢活動，亦可能提前為其立委選舉加溫。相對的本黨高層總統大選的爭議方興未艾，勢將連帶影響基層士氣。凡此種種，都是我必須面對的考驗與挑戰。因此，我重回省黨部，能否力挽狂瀾，各界似乎都在拭目以待。

每當夜幕低垂，我常常一個人坐在辦公室靜思細想，對於各縣市黨部報來的選情分析，我認為台灣省的立委選舉是多名額的選舉，如果我們能夠在提名布局與輔選的戰略戰術運用中，激勵士氣，創造優勢，爭取民心，擴張戰力，則上述的不利因素，未必會影響我們勝算的機會。就以中部選區而言，本黨仍可能維持一定的得票率，只要本黨的候選人能夠穩紮穩打，固守自己的票源區，民進黨和新黨要想搶攻的空間還是有限。至於南部縣市雖然民進黨得票率已有所增長，但本黨若能善用地方關鍵人士的力量綳緊選情，減少內部的票源衝突，即使新黨有人參選，反而使本黨有機會分進合擊民進黨和新黨的候選人。北部若干縣市，固然會受到民進黨和新黨雙面的夾擊，然而兩個反對黨可能都會有參選爆炸的困擾，這對本黨並非全然不利。所以，安內先於攘外，實為首要之舉。半年內，我針對基層組織代理專員補實納編，以及編制外婦工專員通過甄選後的任用等問題，妥擬處理方案陳報中央，以期解決這些陳年舊案。同時，我亦遴拔一些表現優秀卻久未升遷的縣市黨部執行長晉升甲等職，藉以提振士氣。這些在我們看來是小事，但對他們而言確是切身的大事，以致反射出來的影響力，確實改善了黨內低迷的氣氛。

正當立委提名作業緊鑼密鼓之際，住在醫院的父親卻在六月十日下午溘然與世長辭。一直到傍晚輔選會報結束，我才強忍悲痛，匆匆驅車北返，直奔第一殯儀館冷凍庫，含淚凝視父親的遺容，並以未能陪伴父親走完人生最後一程，引為終生遺憾。

經過與家人和黨部同仁漏夜研商，並經母親的首肯後，乃決定治喪的原則：不成立治喪委員會，不發訃文，不收奠儀，告別式日期經同仁和殯儀館洽商的結果，訂在七月二日下午二時舉行，隨即發引安葬於台北縣汐止市五指山國軍示範公墓。

公祭時，首先由中央黨部四位前後任的祕書長蔣彥士、馬樹禮、李煥、許水德覆蓋黨旗，四位上將蔣仲苓、宋長志、烏鉞及楊亭雲分別代表陸、海、空、政戰等軍種覆蓋國旗。

隨後，李總統登輝先生、李副總統元簇先生、行政院院長連戰、立法院院長劉松藩、司法院院長林洋港、考試院院長邱創煥、監察院院長陳履安、台灣省省長宋楚瑜及其他黨政首長，中央及省市民意代表、各縣市長、議長、各民眾團體負責人及親朋好友等數百人都親往獻花致祭，場面感人，備極哀榮。

我曾親撰輓聯一付如下：

柳營威振，銘勳青史，庭訓在耳懷遺範。

風木含悲，移孝作忠，墨經從公報親恩。

在治理父親喪事期間，我仍然南北奔馳，墨絰從公。對選情的掌握，對提名人選的協調，對辦理提名作業零缺點的要求，絲毫未曾鬆懈。尤其是有些選區，除了檯面上的策劃作業外，還必須重視檯面下的勸進與勸退，這些我必須親自為之，因時機未到，絕不能公開，否則，稍有不慎，便會影響整個選舉的布局。也許是省縣各級同仁看到我銜哀奮進的精神感召，輔選士氣也為之大振。就在士氣可用、輔選策略正確，加上中央的支持，各級黨工幹部及義工同志的竭盡心力，以及從政從業同志全力配合、鼎力相助下，台灣省八十五位候選人（包括區域、山地、平地原住民及報准參選者）當選五十六位，雖不是大勝，總算是保有立法院過半數的席次，也粉碎了在野黨人士「三黨不過半」的美夢。

一次輔選的結束，也就是另一次輔選的開始。就在立委選舉之後，我再次走訪縣區兩級黨部，慰問基層同仁的辛勞時，發現多數基層的同仁還是滿有活動的能力，我當時就認為，只要遍布全省的區級黨部能夠維持一定的戰鬥力，在士氣可用的氣氛下，在野黨要想擊破本黨的組織系統，誠非易事。因此，面對三個多月後第三屆國大代表及首次總統、副總統直接民選即將舉辦，我不但要求基層同仁多走出辦公室，接近群眾，尤其在辦理提名作業時，更要注意做到「公信力」和「零缺點」。同時，在立委選舉之後也要以更寬廣、更包容的心，廣納各方意見。對於一些違紀參選助選的同志，亦應衡情酌理，依不同的個案情境，理性從寬考量。因為國大代表及總統、副總統的選舉即將面臨，儘管依本黨慣例，選舉後對違反黨紀事宜都要進行「秋後算帳」，不過因為總統大選牽連極廣，與其一刀把這些人都切割出去，不如以開闊的胸襟，化解選舉的恩恩怨怨，擴大本黨的基層力量，減少未來的工作阻力，此一論點，頗獲多數同志之認同。

誠如李總統登輝先生在各縣市競選總部成立大會致詞時表示：民國八十五年是中國歷史上最偉大的一年。因為三月二十三日人民就要自己做主人，直接投票選出自己的總統，人民就是總統的頭家（老闆）。

八十五年四月一日　星期一

吳挽瀾建議 選舉違紀 從寬處理

【記者吳典蓉台北報導】國民黨考紀會於上週發函各地方黨部，請其提出選舉時黨員違紀的狀況，但據指出，因總統選舉情況特別，有些人雖在林郝總部掛名，事實上卻是幫李連配的，在相當混淆的狀況下，國民黨省黨部主委吳挽瀾已建議，將來黨紀處分可能要依個案從寬處理。

國民黨考紀會於上週依照黨章規定，請各地方黨部對於違紀助選的黨員提出報告，考紀會主委金開鑫表示，這是依法行事，至於是否要處理，國民黨高層尚未討論此一問題。

其中比較嚴重的是，由於林郝配是從國民黨出走，爲其助選者，不論中央或地方，很多都是國民黨員，因此國民黨若要對違紀助選者進行處分，幫林郝助選者將佔一大部分。

但據基層黨部的了解，有些國民黨人士雖因過去的交情而在林郝總部掛名，私底下卻是幫李連配的；而有些雖未幫助李連配，但在李連陣營的運作下，他們若非出國，便是消極不動，並沒有積極幫林郝配助選。

因此，據指出，這次總統大選和以前其他選舉不太一樣的是，到底有無違紀助選的情形，相當曖昧不明；再加上，黨內有人認爲，國民黨既然已在總統選舉中大勝，就應採取較寬容的政策，以免國民黨的大門愈關愈窄。

選舉後建議違紀者從寬處理，化解選舉的恩恩怨怨，爭取未來的助力。

資料來源／《自立晚報》（85.4.1）

由於這是民國成立以來將總統從國民大會間接選舉產生，首次改為由人民直接票選產生，所以，國內各主要政黨都推出候選人參與競選。中國國民黨在第十四次全國代表大會第二次大會時推荐李總統登輝先生代表本黨角逐第九任總統大選，同時也提名行政院連戰院長搭檔參選副總統。民進黨則由彭明敏先生搭檔謝長廷立委參選正副總統。至於新黨先前曾推出王建煊立委角逐，但為了集中第三勢力，最後由林洋港先生搭檔前行政院院長郝柏村先生以無黨籍身分，參選正副總統。而第四組參選人則為辭去監察院院長，亦以無黨籍身分搭檔唯一女性參選人王清峰女士為正副總統之候選人。

在四組正副總統候選人中，除本黨提名正副總統候選人外，民進黨有其固定的基本票源，林郝配則有部分本土票及軍方系統部分人士（含老榮民）的支持，而陳王配的支持者多屬宗教（特別是佛教界）及婦女界人士。以致在選舉的過程中，競爭之激烈，當可想見。

有關台灣省對本黨總統、副總統候選人之輔選作為，根據省黨部於選舉結束後，所提出之「第九任總統副總統暨第三屆國大代表選舉輔選檢討報告」，可分為「輔選組織」、「輔選造勢」、「輔選文宣」、「選情蒐集與運用」等方面說明如下：

一、輔選組織方面

（一）各縣市黨部均能網羅地方碩彥，成立競選總部，有效統合地方資源，發揮整體戰力。

（二）各鄉鎮市區成立競選辦事處，發揮基層動員能量。

（三）協助農漁會、青年、婦女、宗教、工商企業團體、原住民、同鄉會等成立助選後援會，擴大動員層面，由點而線而面，縱橫交錯，深入家戶，頗具成效。

（四）協助縣市黨部聘請地方耆老及關鍵人士成立顧問團，增加號召力，並配合競選總部，後援會動員造勢，擴展相加相乘效果。

二、輔選造勢方面

（一）縣市黨部對於三階段（第一階段成立縣市競選總部，第二階段舉辦國事說明會，第三階段候選人同志沿街拜票）造勢主題及相關活動，均能精心策劃，達到預期效果。

（二）各類旗幟、橫布條、帆布看板之懸掛、插置，皆能選擇適當地點，盡量奪得先機。凡有破損、歪倒者，各縣市鄉鎮市區黨部均派專人巡視、增補、扶正。

（三）車體文宣製作、CF帶之播放，皆能適切運用。

（四）縣市大型造勢晚會及基層宣講亦能如期辦理，帶動人潮，擴大造勢及宣傳之效果。

三、輔選文宣方面

（一）本黨總統、副總統候選人之整體文宣係以「尊嚴、活力、大建設」為主軸，強調「手牽手經營大台灣，邁進新世紀」，並製定識別系統，及從縣市到村里播放主打歌曲〈愛拚才會贏〉、〈我有你的愛〉等，尤其策辦一系列電視政黨廣告，因具有「前瞻」、「建設」及「安定」之訴求，頗能凝聚黨員共識，獲得一般民眾之認同。

（二）在中央規劃下，本黨總統、副總統候選人都能分別深入基層，讓選民看得到、聽得到、握得到，此一親民愛民、擁抱群眾所展現的個人魅力，甚獲選民之好感，亦間接拉抬了各地區本黨國大代表候選人的聲勢。

（三）中共於選舉期間的文攻武嚇，激發了國人的憂患意識。各級從政首長

為凝聚總統、副總統直選綜合戰力，省黨部特別為各界各級關鍵同志舉辦春節團拜茶會。

同志除極少部分因反對黨透過各級民意機構及媒體，以行政中立為由，全力杯葛而裹足不前外，絕大多數均能主動因應情勢，營造有利之輔選態勢，加以政府適時成立「股市安定基金」，穩定了金融市場之波動，頗為贏得民心。

四、選情蒐集運用方面

（一）能全面掌握選情，與競選總部充分配合處理，化阻力為助力。

（二）基於安全維護及文書保密，均能於選舉前作好周延之策劃，故於選舉期間，沒有重大違常之事故發生。

（三）重點布建相當稱職，發揮了預期功能，故能有助於輔選工作之開展。

至於國大代表之輔選作為則可分為：「提名作業方面」、「輔導提名（核准）同志之競選活動方面」、「輔選動員方面」、「輔選文宣方面」、「黨紀維護方面」等項列述如下：

一、提名作業方面

（一）縣市黨部皆能針對地方政治生態及區域編配，鼓勵適當同志參加提名登記。

（二）部分有政務官參加登記之選區，除辦理黨員意見徵詢外，另委請民調機構辦理民意調查，了解其受選民支持程度，以免在多名額選區挾其高知名度，成為吸票機器，導致本黨其他候選人之得票數降低，甚至落選。

（三）配合總統、副總統輔選，並針對民進黨及新黨競選對手，協同縣市黨部審慎評估本黨綜合戰力及有意參選同志之形象與實力，研擬建議輔選方式及提名名單，經提省黨部提名審核小組及委員會議審議通過後陳報中央，過程至為慎重嚴謹。即使如此，仍有極少部分被徵召及提名同志臨陣退縮，在政府登記截止前未能登記參選，影響本黨整體的布局。

二、輔導提名（核准）同志之競選作為方面

（一）縣市黨部均能有計畫的安排提名（核准）同志拜會機關團體與地

方關鍵人士，並參加各項重要集會及活動，協助提名（核准）同志拓展人脈及提升知名度。

（二）縣市黨部亦能協助提名（核准）同志聘請助選幹部，建立競選組織，指派專人負責聯繫協調，適時給予各項支援。並能結合總統副總統輔選大型造勢活動，拉抬聲勢。

（三）成立原住民國大代表選舉輔導委員會，借重原住民省級以上民意代表及具有影響力之頭目，協助原住民提名（核准）同志展開動員工作。

（四）輔導縣市黨部劃分提名（核准）同志票源區，並交付責任輔選目標，要求落實經營票區。

（五）縣區級黨部及同仁均能積極聯合各種各級黨部及各種社團動員管道，擴大借重義務幹部力量，全力發揮協調整合功能，做好固票及催票工作，妥善調劑票源，避免同志砲口朝內，相互挖票，給予在野黨候選人可乘之機。

三、輔選動員方面

（一）組織動員：

1.結合總統、副總統選舉，縣區級黨部借重義務幹部之力量，策動黨員、黨友及民眾，擴大造勢。

2.縣區級黨部對固本專案之規劃與經營，動員幹部之布建與責任票數之商定，確已盡心盡力，奠定各項動員體系之基石，對於輔選任務之達成，均有其正面之貢獻。

3.選前召開二次固本會報，「宣講到村里」、「拜票到家戶」，甚為徹底。對一些謠言、攻訐、誤導、抹黑等，均予以說明、澄清、辯駁。

（二）民眾團體動員：

1.對於各重要民眾團體輔選動員小組均如期成立，並自三月初開始，組團巡迴縣市，協助輔選動員工作。

2.省縣市重要民眾團體均輔導成立後援會，合計有七百三十七個，參與人數多達二六四、二二三人，充分發揮統合運用、複式動員之效果。

3.策動農、漁、水利、工商、勞工、宗教等團體，分北、中、南三地舉辦大型造勢活動，少則三、五百人，多則萬人以上，氣勢旺盛，盡得先機。

4.要求縣市黨部加強外省同鄉會之聯繫，成立後援會，或舉辦聯誼活動。

5.要求縣市黨部協調地方競選總部，積極爭取計程車司機之支持，以發揮流動傳播之功效。

（三）青年動員：

1.省黨部於第三屆立法委員選舉結束後，即規劃並輔導二十一縣市黨部成立「總統、副總統選舉青年後援會」，參加人數計有五七、二六〇人（不含鄉鎮市區）。尤其各縣市黨部第五組組長於八十四年底派實後，除積極動員各階層社會青年，並輔導所轄鄉鎮市區成立青年後援會，對協助國大代表輔選文宣、拓展票源、經營固本專案，均有所裨益。

2.省黨部配合中央青年工作會於三月十日在林口體育館舉辦「團結青年、

支持李連」青年後援會大會師造勢活動，計動員各縣市青年代表七千人參加，會場氣氛熱烈，尤其本黨總統候選人蒞臨時，歌聲、掌聲、歡呼聲，使大會師造勢活動達到最高潮，對提振基層士氣，凝聚青年力量頗多助益。

（四）婦女動員：

1.輔導各種各級婦女團體成立後援會計九十九個，使各項婦女動員工作得以按部就班，落實開展。

2.省黨部配合省婦女會，分北、中、南三區辦理六場次社區媽媽萬人合唱及土風舞聯歡會等大型造勢活動，增加動員能量頗鉅。

3.婦女義務幹部積極、熱心投入口、耳語傳播，家戶訪問，電話拜票，交卡等工作，深入基層，確實發揮輻射動員力量，對增加動員能量功不可沒。

（五）中興動員：

1.宋省長、林副省長、吳副省長、許祕書長等竭盡心力，掌握社會脈動，訪視全省各選區為本黨候選人營造有利之輔選環境，提升省黨部在輔選過程中之競爭力。

2.省政府各廳處局會首長同志都能發動所屬從政黨員，利用週末假日或休假方式返鄉按戶籍地參加工作責任區之經營。並透過中興動員縣市協調會報及九大系統動員小組會報妥善分工，落實投票日催票工作。對贏得選舉之助益甚大。

3.配合春節，按縣市分別辦理轄區內國中、國小、高中（職）退休校長聯誼活動，凝聚共識，投入輔選行列，發揮潛在之影響力。

四、輔選文宣方面

（一）本黨第三屆國大代表選舉之整體文宣以「主權在民、革新憲政」為主軸，明確的表達了本黨「以民意為依歸，落實憲政改革」的修憲立場，爭取民心，以資對抗民進黨、新黨及無黨籍候選人所提出之政見，對整體輔選作為，頗多助益。

（二）台灣省各選區國大代表候選人之競選活動，都能配合本黨正副總統候選人蒞臨各該縣市競選總部所舉辦之造勢活動時，共同拉抬聲勢，對提高候選人之知名度，效果良好。

（三）省黨部除提供各候選同志相關的文宣資料，作為闡揚政策與駁斥反對黨人士不當言論之依據外，並要求各該縣市協助各候選同志成立文宣組織，以便展開各項文宣攻勢。

五、黨紀維護方面

少部分黨員及幹部因個人、派系或利益因素，有表裡不一之輔選、退選行為外，絕大多數提名（核准）候選同志與黨員皆能遵守組織紀律，從事競選、助選活動。

最後，台灣省黨部第九任總統、副總統暨第三屆國民大會代表選舉之輔選工作，在李連競選總部及中央黨部及各工作會之大力支助，各級從政從業同志，各種各級黨部，各民眾團體與全體幹部、義工、黨員同志認真負責，落實輔選作為，一場經過激烈、熱情、和平、理性的選舉，終於獲得多數選民之肯定與支持，贏得勝選。茲將輔選結果，臚列如下：

一、總統、副總統部分

投票率：中央黨部要求投票率為百分之七五、七四，台灣省投票率為百分之七五、八八。

得票率：中央黨部要求得票率為百分之五二、七七，台灣省得票率為百分之五六、七六。

得票數：中央黨部要求得票數為四、四八二、〇八四票，台灣省得票數為四、八九〇、九六五票。

二、國大代表部分

投票率：中央黨部要求投票率為百分之七五、六三，台灣省投票率為百分之七六、〇五。

得票率：中央黨部要求得票率為百分之五五、一一，台灣省得票率為百分之五三、〇七。

當選席次：中央黨部要求為一二〇席，台灣省本黨同志當選一一一席。

回溯立法委員、國大代表、總統、副總統三項選舉，先後在三個月內順利圓滿贏得勝選，面對省縣區三級同仁勞心勞力，無怨無悔，不眠不休的工作表現，乃使我想起了《聖經·詩篇》上所說「流淚撒種的，必歡呼收割」，於是，當總統、副總統暨國大代表的選舉結果揭曉後，我便一一對各縣市黨部主委致電慰勉，並請他們立即轉知各區級黨部代我大聲說一句：「你們辛苦了！」

為基層同仁討回公道

大選後首次的中常會於三月二十七日召開，分別由李連全國競選總部總幹事蕭萬長、中央組工會主任涂德錡提出此次大選的檢討報告。蕭總幹事首先表示，勝選的重要因素，包括廣大的選民對本黨總統、副總統候選人的認同和肯定，候選人本身具有獨特的群眾魅力，各個不同的輔選系統齊心協力，合作無間，充分發揮輔選的整體力量，能夠安定民心，候選人家屬在各個不同場合，充分配合發揮輔選的造勢效果，以及本黨對於各個階段選情的變化都有非常精準的掌握。

接著由組工會涂主任提出輔選檢討報告，報告中列了十二項優點和六項缺失。談到缺失部分有四項是針對地方黨部而言，涂主任當時表示：一、國大代表選舉，部分選區本黨黨員參選意願不強，而參選人中亦有若干人缺乏基本實力，暴露基層黨部平時對政治人才之培植工作不夠落實；二、基層黨部平時對組織工作的經營不夠落實，致輔選動員備感吃力；三、地方黨部未能擴大借重義務幹部，使本黨的動員力量無法充分發揮；四、部分縣市黨部對預估候選人之得票數與票源調劑運用不夠精確，致少數候選人高票落選。

聽完涂主任的輔選檢討報告，我隨即起立予以駁斥：「對於涂主任剛才以偏概全，昧於事實，抹煞基層黨工同仁辛勞的說法，至表遺憾，相信也會令基層黨工同仁心寒。事實上，在此次選舉中，地方黨部各級黨工同仁都是卯足全力、日以繼夜，甚至有的還帶病帶傷輔選。而省黨部在國大代表選前提名作業階段，亦曾建議採中高額提名，選舉結果，一切都在省黨部及縣市黨部精準的估算之中。尤其台灣省在總統、副總統選舉的得票數更超過了中央的要求，國大代表的當選席次，也在省黨部向中央提報的可能數字之內。至於政務官參選，涂主任在檢討報告中僅強調政策正確，卻不提某些選區政務官候選同志挾其高知名度，造成強力的「吸票機」效應，使得某些黨提名的候選人高票落選，難道這僅是票源調劑不夠精確的問題？希望在上位者不要「不食人間煙火」。地方黨部有些是該檢討，但中央組工會更要檢討，例如省黨部去年便向中央建議基層黨部助理專員應從速納編一案，事隔一年，迄無下文，試問人力不予充實，若非有效借重義務幹部，若非基層黨工同仁努力經營工作責任區，豈能發揮戰力，贏得勝選？」

中常會之後，許多人都給我安慰，有的則問我何以一反常態，如此卯上組工會。我告訴他們：「如果我這個省黨部主委，對於涂主任這些檢討不為基層同仁討回公道，我何以面對他們？說不定明天就會有強烈的反彈。」果其不然，當我從台北剛剛返抵省黨部時，便看到一些基層同仁送來鮮花，也接到縣市黨部同仁打來的慰問電話。感謝我敢在中常會說出基層的心聲，數日以來，我不斷收到基層黨工的來函致意，及接到他們為我打氣的電話。

當時我曾感慨的對省黨部高階黨工同仁說：「本黨現在已不再是一黨獨大，不再是以黨領政，在政黨競爭日益激烈的今天，中央如果還不重視基層，成功是中央決策正確，領導有方；失敗則是地方工作不力，執行無方。選後，只知閉門檢討，不知基層辛勞；黨的根是在基層，根基若不穩，日後不但無人願意為黨打拚，更遑論為民服務，贏得勝選了。」

事實上，真正徹底的檢討，理應由下而上，逐級為之，然後中央才衡情度理，訪察若干縣市，印證省黨部的檢討報告有無偏離事實或誇大其詞之處，最後才作定論，該褒則褒，該貶則貶。惟其如此，才能讓人心服口服，否則，閉戶造車的急就章，豈能沒有掛一漏萬之處？正如拿破倫曾經說過：「一支軍隊的實力，四分之三是由士氣構成的。」軍事作戰是如此，選戰又何能例外？

國民黨輔選檢討 吳挽瀾卯上

組工會提到「基層黨部經營不夠落實」吳強烈不滿當場反駁「以偏概全」中央

吳挽瀾為基層抱不平 說到縣市主委心坎裡

黨中常會檢討大選 輔選系統互起衝突

檢討地方 吳挽瀾砲打中央

中常委認為要重新檢討 政務官參選變成吸票機

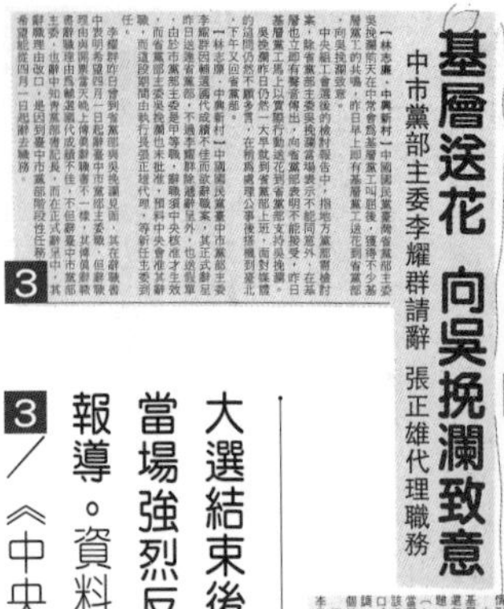

基層送花 向吳挽瀾致意

中市黨部主委李耀群請辭 張正雄代理職務

大選結束後的中常會檢討報告時，因不滿中央組工會抹煞基層黨工的辛勞，當場強烈反駁，次日各大報皆刊出「吳挽瀾砲打中央，為基層抱不平」的報導。資料來源 1／《自由時報》（85.3.28）；2／《聯合報》（85.3.28）；3／《中央日報》（85.3.29）

幾則小故事

李主席登輝先生於民國八十五年五月十日主持中常會通過我接任台灣省黨部主任委員的人事案後，立即由蘇至誠主任告知中常會結束後，主席要召見。

「在過去幾次選舉中，投票給反對黨的民眾，並不完全是因為認同反對黨，而是對國民黨不滿，所以，本黨應透過改革，把流失掉的選票找回來。同時，也要透過各種管道，讓民眾以公正、理性的觀點看國民黨，讓民眾還國民黨公道。」李主席召見時除了作以上的提示，並強調：「目前社會上對政治的理念，有的太偏激，有的很保守，今後本黨要以「中道」的主張向兩個極端的人士多作溝通，擴充力量，爭取更多民眾的認同與支持。」

依照這些提示，我在到任之後，便剴切要求各級幹部要用「心」去找回黨員的心。於是，將近兩個月的時間，我從縣市到鄉鎮，從鄉鎮到村里；從濱海地區到原住民族群，敬重資深黨員，重視中堅黨員，關心年輕黨員，關懷婦女黨員。而且，更廣交文教界人士，接近宗教界神職人員，聯繫農、漁、水利及中小企業負責人，以資消除歧見，營造氣勢。這樣一步一腳印的作法，我不僅紓解了不少的民怨，也收攬了不少民心。尤其是我平民化的作風，親切自然的態度，影響所及，縣區兩級幹部多數都在改變觀念，以「積極」替代「消極」，以「主動」替代「被動」，以「創新」替代「保守」，以「服務」替代「威權」，以「我們」替代「我」，以「實效」替代「形式」自我期許。而以下的幾則小故事，也是激發民心士氣甚鉅的因素。

在某個星期二的上午，當我驅車前往中央黨部出席相關的會議時，途經新竹市，專程陪同被提名的林政則同志分別拜會了童市長、楊議長、郭國代、張省議員等地方關鍵人士，並誠摯的拜託大家能全力支持林政則同志順利當選。就在與這些關鍵人士品茗、閒話家常時，偶爾也有一些地方人士藉機向我發牢

全省走透透，勤訪基層，與地方人士座談，聽取興革意見。資料來源／《中央日報》（84.5.20）

吳挽瀾 努力找回黨員的心

勤赴基層訪問 體貼隨和予人深刻印象

【林志廉・特稿】中國國民黨主席李登輝先生曾指示各級黨務主管，年底選戰要把流失的選票找回來，針對李主席的指示，省黨部主委吳挽瀾認為要把流失的選票找回來，必需用心先把黨員的心找回來，因此其上任後，便以實際行動，下鄉訪問鄉鎮市黨部，與基層黨務工作人員及小組長話家常，提升基層黨務工作人員之士氣。

吳挽瀾從鍾榮吉手中接過印信後隔日除禮貌性拜訪省議會及省府外，便立即下鄉到臺中縣東勢、石岡及苗栗縣三義、銅鑼等基層鄉鎮黨部訪問。前天他至嘉義縣東石、義竹、太保、布袋等地，與基層黨務人員及老黨員話家常。其中義竹鄉黨部當日剛好有喜事，舉行剪綵典禮，邀請吳挽瀾剪綵，而吳挽瀾認為地方黨部華廈落成，應由地方對黨有貢獻的黨員來剪綵。因此吳挽瀾特別推薦兩位老黨員也是小組長人員剪綵。

這雖是一則小故事，但在基層黨員、及黨務人員心裡，卻是無限溫馨。吳挽瀾說，剪綵對省黨部主委而言，可能是家常便飯，但對基層黨員而言，卻是很難碰到的事。既然如此就應該讓他們有機會。這是吳挽瀾的體貼與細心，也證明他有心要把黨員的心找回來。

另有一則小插曲，顯示吳挽瀾為人的隨和，吳挽瀾在訪問嘉義縣某一鄉鎮黨部時，剛好遇到五、六位青年朋友正在泡茶聊天，穿便服的吳挽瀾也加入他們的陣容，無拘無束的天南地北聊天。

吳挽瀾下鄉訪問，並未先到縣市黨部，而是直接到最基層黨部。同時也是較偏僻、落後地方，這些地方可說是最需要關心的地方，吳挽瀾決定要將他的愛心用在最需要的地方。此外為了提升基層黨務工作人員士氣，他決定要把升主委無望之縣市黨部執行長，選拔優秀者從乙等職升為甲等職，這是一項很大的突破。

騷。記得當時我不但未表示不快，反而頷首微笑的凝視著對方，讓其暢所欲言，中午還特別邀請這些人一起用餐。餐敘中，我則當著這些人的面，要求陪同的市黨部黃麗卿主委，請其重視這些人的意見，如係市政建設有關，則請童市長酌情辦理。當餐敘接近尾聲時，我回頭問隨行人員，大家的駕駛是否都已用過午餐，得到的回答是：「均已安排用過。」就這麼短短的一句話，卻使在座的某些人士為之感動，也肯定我的細心。當我與他們一一握別時，我特別強調了一句話：「黨工人員絕對不能目中無人。」

另一次當我剛走出省黨部辦公室的門口，正要外出拜會地方人士時，忽然看見一位妝扮入時的女士在走廊上東張西望。於是我問她：「請問您要找誰？」她說：「我要見吳挽瀾主委」，我說：「您見他有何貴幹？」她接著說：「我有點私人的事情想跟他談談。」當時我不禁滿頭霧水的望著她說：「我就是吳挽瀾主委。」這時她才說：「我是張世賢的太太，我想在台南縣參加此次國大代表的選舉。」既然眼前這位女士是我在中興大學行政系教授「行政學」

學生輩的太太，我便請她到會客室坐，並問她：「您有沒有跟縣黨部薛正直主委談過？」「薛主委除了問我的基本票源在哪裡？並說我似乎沒有當選的空間。其實婦女票、文教界、中興大學校友、水利會都是我的票源。」我笑了笑對她說：「因我與人有約，您先回去，我會與薛主委再研究。」

翌日一大早我便前往雲嘉南地區訪視，在台南縣黨部與薛主委一起在辦公室吃便當時，我們談到了國大代表候選人的布局。

鑑於薛主委到職後的努力深耕基層，在民心士氣可用的前提下，我們初步的共識是在八個名額中，溪南溪北本黨各提三人，留兩席予黨外人士。由於將展開提名作業時，本黨原屬意一位頗具實力的女性候選人突然宣布退選，為補此一缺額，於是我建議可考慮具有博士學位目前仍然在大學任教且毛遂自荐，勇氣及信心十足的洪秀菊女士與另一位現任嘉南藥專講師，且是在眷村長大的外省籍第二代盧憶萱女士，結合本黨擬提名的其他四位候選人，分別夾攻同樣在大學任教而形象良好的新黨強棒仉桂美女士，以及民進黨提名的兩位候選人。

提名人選的布局大致底定，我即要求台南縣黨部運用組織力量，務必要用心把選票找回來，細心去贏得民心，贏得勝選。經過縣黨部全力輔選的結果，本黨所提名的六位候選人全部當選，得票率為百分之四七・六二；民進黨當選兩席得票率為百分之三九・二六；新黨參選人則落選，得票率僅為百分之六・七三。總算沒有辜負李主席登輝先生的期許。

另一則最為地方人士及黨工人員讚賞的故事，是嘉義縣黨部為了該縣義竹鄉民眾服務分社的新廈落成，特函請我在啟用之日前往剪綵。當下我婉拒了縣黨部的請求，並建議鄭次雄主委改請當地對本黨有貢獻或黨齡最資深的同志來剪綵。因為「剪綵」對省黨部主任委員而言不算什麼，但對地方人士來說，卻是一件深感榮幸的大事。同時剪綵時的照片掛在牆上，他一定會經常邀約親朋好友或晚輩們來欣賞，若由我去，一旦我不做主任委員了，那還有誰認得照片裡的吳主委呢？因此，黨工在地方上唯有先尊重別人的存在，別人才會肯定我們的存在。

這雖是一則小故事，當媒體將實情披露後，卻成為基層黨工的一頁活教材。

離開義竹鄉，我順道北上來到窮鄉僻壤的東石鄉。當我將座車停在距離民眾服務分社大約五十公尺的地方，脫下西裝，解下領帶，緩步走進分社的閱覽室，看到有好幾位地方人士正在那兒聊天。我則佯裝過路人，隨手在書報架上取了份報紙，坐下低頭閱讀，靜靜的聽他們聊著地方的人和事，激動時也會批評政府某些措施的不當，甚至抱怨政府漠視僻遠濱海地方的建設。我一邊聽，一邊記下他們批評與抱怨的內容。當分社主任從外面進來看到我時，不禁露出驚恐的面容，一方面邀請我到他辦公室用茶，一方面也為我介紹在座的地方人士。當他們曉得站在他們面前的竟是省黨部主委時，真是不敢置信。於是，我笑容可掬的請他們坐下，我也跟他們擠在一起，並告訴他們，剛才他們對政府的一些意見，我都已紀錄下來，我不但會要求縣黨部鄭主委予以重視，也會要求從政同志協同解決；至於濱海地區的一些建設，我也會帶回省黨部請省政府主管單位審慎研究，不管如何，短期內一定會給予答覆。帶著民心與民瘼回到省黨部，我認為後續解決問題的行動，才是贏得民心歸向與否的指標。

從黨務邁向政務

正當我國第九任總統、副總統就職後，內閣進行改組，副總統連戰先生兼任閣揆。跑省政新聞的媒體記者，為了探聽內閣閣員誰上誰下，竟把我的會客室當作他們的訊息交換中心，甚至每天都有人士異動的報派新聞出現，弄得我整日不得安寧。

就在內閣改組前某一星期四的午餐過後，我忽然接到連副總統辦公室巴台坤參議的電話，希望我能在下午四時三十分抵達總統府副總統辦公室。於是我一方面要祕書速訂三點鐘前往台北的班機，一方面到會客室對媒體記者說：

「我要回宿舍休息一下，你們也該打個盹吧！」就這樣我擺脫了記者們直奔機場，搭上三時整的班機北上。

我在四時二十分左右抵達連副總統會客室。當我們晤面時，他首先慰勉我輔選的辛勞，接著便開門見山的說：「總統希望你能到行政院接任青輔會的主任委員」，我回答他：「現任的尹主委不是做得很好嗎？」「他已另有安排」，隨即告知我：「本週六中央黨部將召開臨時中常會通過內閣改組的人事案，因此，這兩天你務必不要向任何人透露內閣改組的消息」。最後，他說了一句「下週一便要交接，回到台中千萬要不動聲色」之後，便起身結束為時不到五分鐘的談話。此一決定，使我想起上週三中常會後，主席辦公室的蘇至誠主任曾問過我有無轉到行政機關服務的興趣，當時我以為是句玩笑話，所以只說了一句「一切遵照長官的決定」，結果竟成了事實。

趕返省黨部還不到六時，因為六時三十分我已預定設宴答謝媒體記者們這些日子對省黨部的支持。

當我走進辦公室，記者們一擁而上，並問：「睡飽了吧，怎麼這樣久？有沒有任何新的消息？」我幽默的說：「我在夢中看到你們猛抄內閣改組的名單。」就這樣我們一起前往餐廳，在觥籌交錯、酒酣耳熱間，大家還不忘談論內閣改組的事。

事隔一日，星期六臨時中常會通過內閣改組的閣員名單，經媒體披露後，我的名字亦在其中，這時即使是週末，大批記者依然湧進我的辦公室，並指著我說：「看你平常滿老實的，原來我們都被你耍了！現在從實招來，到底這兩天你有沒有接到入閣的通知？」我笑著回答他們：「有，只是君命難違，因為人事案在沒有看到白紙黑字前，誰都不敢保證臨時不會起變化。」「那請主委告訴我們，你是什麼時候接到通知？層峰有無召見？說了什麼？」記者們一連串的問題，使得站我身旁的副主委趕緊打圓場說：「大家都是好朋友，你們不要這樣咄咄逼人，為難主委嘛！」「那咱們這筆帳以後總會慢慢清算的。」就在《中國時報》駐中部特派員夏珍的一句半是真來半是假的玩笑話後，大家開始忙著寫稿，我也開始接受同仁們及各方友好的道賀。

Part 5

入閣的宏觀思維

擔任青輔會主任委員後，針對青年人高學歷高失業率的問題，積極推出各項因應措施。

也許是我和青年工作特別有緣，當我經總統特任為行政院青年輔導委員會（簡稱青輔會）主任委員，並於六月十日到職以來，深感青年人力資源之開發與運用，不僅攸關國家競爭力之強弱，亦與國家建設的進步與發展有密切的關聯，乃衡酌主觀條件，經過和學者、企業界人士充分交換意見後，規劃了現階段青年輔導工作的具體作為如下：

輔導青年就業，調適高級人力供需

由於社會的快速變遷、全球性經濟的不景氣，加以專上青年部分科系專長未符社會市場需求，求職青年又缺乏正確的職業價值觀念，遂造成高學歷高失業率。惟從企業求才需求殷切的角度來看，顯然專上青年人力供需確有失衡現象。當八十五年一月份專上青年失業率，由八十四年的百分之二・六八提升到百分之四・一九時，我奉命以從政同志的身分在執政黨中常會作施政報告。李主席登輝先生聆聽後，隨即指示：「青輔會應限期提出高學歷高失業率的因應措施。」

秉承李主席的指示，我返抵青輔會後，立刻邀集相關人員，針對供需現況分析，並就形成專上青年失業率增高的諸多因素，如：循環性因素、季節性因素、結構性因素、技術性因素、摩擦性因素，以及隱藏性因素等，分別策訂以下各項因應措施：

一、加強辦理求才求職服務，設置「大專畢業青年及碩士以上人才服務中心」，專責辦理專上畢業青年求職求才服務，並利用電視媒體公益廣告擴大宣傳，鼓勵專上畢業青年充分使用。

二、擴大辦理第二專長補充及轉業訓練，為此，連兼院長允諾將從中美基金和就業安定基金提撥新台幣三億元，以紓解結構性或季節性的失業問題，預計將有八、六九八位青年因而受惠。

三、為積極開發就業機會，本會於北、中、南地區舉辦「促進專上畢業青年僱用開發會議」及「企業形象暨求才展示會」，每場參加之求職青年均極為踴躍。此外，本會亦委託時報資訊公司蒐集中、南部地區就業機會，提供當地求職青年參考運用，以解決中、南部就業資訊不足之問題。

四、本會於七月下旬針對國內三千個企業寄發問卷，蒐集一萬一千六百二十個就業機會，於八月一日編印成《萬人就業機會手冊》，提供求職青年使用。復於八月下旬針對新竹科學園區一九二家廠商調查求才機會，蒐集到一千四百九十三個高科技就業機會，彙編成《高科技就業機會手冊》，並鍵入電腦網路，供求職青年查詢運用。該兩項手冊印製完成後，本會曾召開記者會以廣宣傳，並分寄各地區就業服務中心及各大專院校，倍受歡迎。

五、充實網路系統，暢通求職求才資訊，本會求職求才資料庫已儲存有六萬餘家用人單位之基本資料，可供求職求才者查詢。

六、加強青年創業輔導，廣泛開拓就業機會，本會八十六年度在連兼院長之支持下，承蒙中美基金提供輔導青年創業基金新

為了開拓各項攸關青年就業措施，親訪工業區及有關企業，並擴大舉辦第二專長訓練及創業貸款。

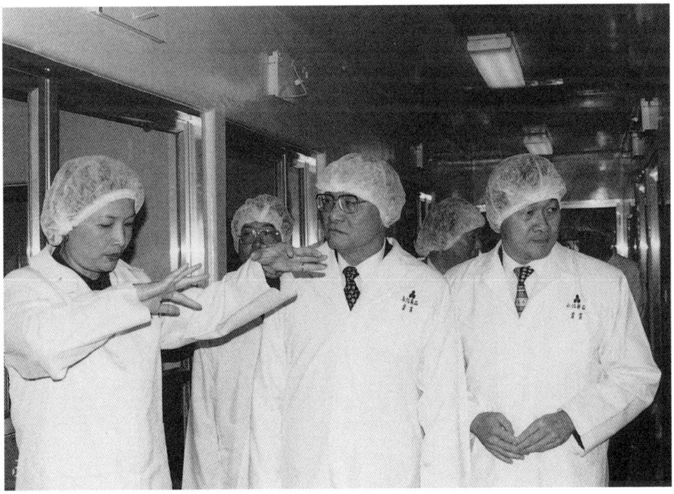

台幣五億元及各相關行庫提供自有基金新台幣十五億元，供作辦理青年創業貸款之用。除此之外，本會並於各縣市設置榮譽職之創業青年輔導員，提供創業諮詢服務，幫助青年順利開創事業。且為廣泛開拓青年就業機會，除與創業青年保持密切連繫外，亦鼓勵創業有成青年以回饋方式提供就業機會，藉供求職青年參考應徵，調適青年人力資源之供需。

七、培養青年建立正確職業及生涯觀念，當時專上畢業青年就業困難，部分因素是導源於價值觀念之偏差。記得有一次我在本會所設置之「專上畢業青年求職求才服務中心」親自詢問多位求職的青年，願意從事哪種職業時，多半都是希望「錢多、事少、離家近」。此不僅造成其個人之就業不易，亦影響企業界進用高學歷人才之意願。為導正這種偏差的觀念，本會在各大專院校中舉辦座談及編印生涯輔導手冊等，加強宣導專上青年建立正確之職業價值觀念。

半年來，凡此種種作為，在各相關單位之支持、配合及本會全體同仁共同努力下，確已獲致相當成效，亦欣見九月份專上畢業青年之失業率已從百分之四・一九降為百分之三・九三，十月份更降為百分之三・六四。預計至十二月底，因透過上述各項措施之有效執行，將可達成協助三萬名專上畢業青年就業之目標。

照顧弱勢青年，重視青少年問題

就在專上畢業青年失業率逐月降低之同時，我曾邀請產、官、學及身障人士、原住民

照顧弱勢青年，促進就業機會，是青輔會的施政重點之一。

代表舉行座談會，了解這些青年為何創業及就業困難，主要的原因是受限於「學歷、技能及企業主的認知」等方面的問題。於是我不但要求本會相關部門從速修正「輔導青年創業要點」，放寬對身障、原住民及更生青年的學歷限制，並訂定「加強輔導原住民青年創業要點」。在全省分四區設置山地輔導員各一名，在三十個山地鄉設置山地聯絡員各一名，至於平地原住民則由各縣市輔導員提供服務，這些人員都是受過專業訓練的義務職。同時，自九月份起本會亦已分北、中、南、東四區為原住民青年舉辦四場次創業座談會，以增進他們對創業的正確認知。至於為增進身障青年之就業技能方面，本會亦曾從八月份起委託有關之大專院校及竹南手工業訓練中心，分別辦理身障青年「商用電腦班」、「電腦打字編輯排版班」及「成衣製作班」等三類別四班次，共招訓九十八人；另規劃於山地鄉辦理原住民「木雕訓練」及「山地服飾製作」等三班次，共有九十名原住民青年參訓，而本會所屬幼獅職業訓練中心亦已特別為原住民開辦特殊焊接班，藉以增強原住民的謀生技能，拓展他們的就業機會。

而且，我就職之初，亦至為重視青少年問題，當時我的施政構想，便是要從蒐集青少年意見，了解青少年需求做起，進而研訂青少年輔導發展方案，預期本方案實施後，將可增強青少年生涯、休閒、心理輔導，預防青少年犯罪。同時，也委託學術界進行「我國青少年犯罪研究之整合分析」、「青少年受害問題（含校園暴力、自殺、性騷擾）之調查研究」等，並定期編印《青少年白皮書》，藉資增進青少年身心之健全發展。

聯繫海外學人，建立資訊網路

為了有效運用海外高級人力資源，增強國家競爭力，青輔會曾透過週諮博詢，集思廣益，規劃了以下五項工作要點：

一、建置海外高級專業人才全球資訊網，利用本會全球資訊網（www），開闢「青輔會海外聯繫園地」，以便國內企業能對海外高級專業人才供需雙方

親訪海外學人後，要求青輔會資訊中心，暢通海內外求才求職資訊系統。

可以逕行媒合。並連結國內各用人機構之全球資訊網求才網頁，以建立完整之「國內高級人才就業網」。以上構想乃肇因於我在美國華府與海外學人座談時，其中多數學人都認為雖有歸國貢獻所學的心願，但因國內企業求才資訊未能充分利用網際網路，以致耽誤時效。青輔會似應迅速建置全球資訊網路，以便海外學人與國內用人機構或企業，都可上網登錄。針對此一建議，我返國後，便立即要求本會資訊中

心，排除一切困難，限時完成，以暢通海內外求才求職資訊系統。

二、針對國內相關產業機構之需，辦理系列引進新科技研討會，諸如「微電子精密機械」、「農業生物技術」及「電信」等，延聘海外資深專業人才返國參加有關之研討會，並主講最新科技。預定於八十六年三月至五月間舉辦，參與研討之國內相關產業機構負責人或工程師約四百人。

三、辦理海外高級專業人才返國服務之參訪活動，輔導有意返國服務之海外高科技與專業人才組團回國參訪，以直接了解國內科技與經濟發展情況，並與相關業者舉行座談，介紹新知、新技。本項活動預定於八十五年十一、十二月及八十六年一月舉辦，參加人數預計約一五〇人。

四、加強海外學人及團體之聯繫與服務，協助本會所輔導之一〇四個海外學術團體，健全組織並加強辦理學術交流活動。同時，預定於八十六年六月在台北擴大召開海外華人學會會長會議，以加強聯繫並介紹國內進步的實況。

五、加強輔導碩士、博士人才至學術研究機構及民間企業單位從事研究與發展工作，設置「聯合服務窗口」，為求才單位與求職青年提供最便捷之服務；強化本會旅外人才庫之功能，更新處理現有一萬四千多人次的海外學人專長資料，並彙送相關機構參考運用。

對於此一施政作為之推展，本會預期可達到「縮短高級專業人才供需之媒合過程」、「協助國內小企業改進生產技術」及「增進海外學人對政府施政的了解與向心」等成效。

推展國際青年交流，為外交工作奠基

我國身為亞太地區的一員，當然樂意將我國致力國家建設的成功經驗與鄰國分享。就在一次和泰國、新加坡、馬來西亞、菲律賓及印尼等國派駐我國的代表餐敘時，大家一致認為培植青年的國際觀，加強各國青年的交流，至為重要。尤其他們強調，亞太地區許多國家的青年對我國經濟建設的發展都很嚮往，也很想有機會來台灣看一看。於是，隔週的行政院院會後，我向連兼院長報告，青輔會擬舉辦「首屆亞太青年領袖會議」，獲得他的首肯之後，我便立即要求相關處室展開籌劃工作，並設置籌備委員會，邀請學者專家包括：邵玉銘、牟宗燦、邵宗海、呂學儀等，以及相關部會的代表為委員，以便借重他們的學識經驗，集思廣益，辦好此一首創的亞太地區青年領袖會議。

經過多次籌備委員會議後，決定會議日期為民國八十五年六月十六日至十九日，連續四天在台北市福華飯店舉行，會議主題為「增進相互了解，促進區域合作」。大會並邀請新聞局長蘇起以「中華民國的發展經驗——開發中國家的發展模式」為題作專題演講。並依「青年服務人生觀的建立與實踐」、「二十一世紀亞太青年領袖的角色」、「如何促進亞太區域合作」等三項子題，分別以引言、論文發表和討論三階段進行分組討論。而參加會議的各國青年菁英代表則是來自美、加、日、韓、菲、泰、新加坡、馬來西亞、印尼、越南、柬埔寨、孟加拉、尼泊爾、印度、斯里蘭卡、斐濟、巴布亞新幾內亞、紐西蘭、澳洲等十九個國家，他們均是經該國駐台機構的推荐，含我國青年代表在內，將近二百位各國青年菁英聚首一堂，共同探討亞太地區發展的新方向。

為了表示對此一會議的重視，行政院連兼院長親自蒞臨開幕式，並以「擴大交流合作，促進亞太地區和平共榮」為題發表專題演講。經過為期四天的熱烈討論與參訪活動後，大會乃在各位籌備委員的熱心參與，以及全體工作同仁

接待各國青年領袖，加強國際交流合作，亦是青輔會推展的工作。

不眠不休的努力下，使得大會在「友情與知識豐收」的歡呼聲中圓滿結束。

會後，媒體記者曾訪問我：青輔會舉辦此次會議的目的是什麼？我說：「部會首長是政務官，政務官一定要有遠見、有擔當，尤其思維要宏觀，否則，與事務官何異？以這次的會議來說，近二百位亞太地區的青年菁英，能夠歡聚在一起，透過問題的探討，意見的溝通，情感的交流，日後如果這些青年代表成為他們國家政策的制定或執行的重要人士，則對於促進我國與該國之間的邦誼，必定大有裨益，故這種為外交工作奠基便是舉辦此次會議的最大目的。」

不可否認的事實，我接任青輔會主任委員後的首要任務，便是針對居高不下的專上畢業青年失業率，推出一連串攸關青年就業的革新措施，而且每週都要在工作會報中提出檢討，同時，為了冷灶熱燒，提高本會的媒體能見度，更頻頻舉辦各類座談會或研討會，的確增加同仁們不少的工作壓力。就在我展現旺盛的使命感之際，考試院許水德院長的一通電話，卻使我又陷入友情的煎熬。他希望我能夠立刻到考試院接任祕書長的職務。就在盛情難卻下，我行政院連兼院長為我在青輔會所付出的辛勞，特頒「一等功績獎章」以資激勵。

從行政院的部會首長轉任考試院的祕書長。而行政院連兼院長也在我離職前夕，表彰我主動積極的任事精神，並肯定我對專上畢業青年及原住民青年就業問題之紓解、各項青年休閒活動及心理輔導工作的推動暨亞太青年領袖會議的創辦等所付出之辛勞，特親頒「一等功績獎章」，以資激勵。回顧我在青輔會主任委員任內不到一年的時光，何幸如之，

得以沐受連兼院長之教澤，面對其雍容大度，學養深厚，格局宏偉，抓大放小，授權卻又肯為部屬解決問題的風範，的確是國之棟梁，見賢思齊，對我日後再度擔任首長，確實裨益甚大。

Part 6

考政工作的施政方針

在考試院祕書長任內，不僅善盡承上啟下、調和鼎鼐的職責。接任考選部部長後，更確立「效能」、「服務」、「便民」的施政方針。

民國八十六年三月十日我在許水德院長的監交下，正式接任考試院祕書長的職務。由於考試院是採合議制的決議機關，依考試院組織法的規定，置有正副院長及十九位獨立行使職權的考試委員。祕書長為特任，除負責院本部的行政事務，指揮監督所屬，提供決策參考意見，並執行院會決議事項外，尚須負起「承上啟下」、「調和鼎鼐」協調院與所屬部會之間的有關事務。

我到職不久，便逢立法院審查本院年度預算，為免本院的預算遭到立法委員的刪減，影響政務的推行，故審查之前，我即要求各單位根據往年的經驗，研提在立法院備詢時的模擬參考意見，詳加閱讀。另一方面則親自與各黨派的立法委員溝通，由於各項準備充分，乃使本院預算在很短時間內順利通過。同時，有關延宕多時的本院新大樓興建工程，幾經對內對外之協調，終於獲得審計部蘇振平審計長的支持及考試委員們的認同後，順利發包，如期竣工。而為加強對考銓業務的宣導，我在近兩年的任期中，特別重視與媒體的聯繫，強化發言人制度，每週分別在《中央日報》及中廣電台設置「考試院信箱」與「考試院時間」。為了持續推動各項業務電腦資訊化工作，除在八十六年七月一日開始建置考試院全球資訊網路系統外，有關同仁簽辦需發文之文稿，一律使用筆硯公文軟體製作及傳輸，以節省人力。至於各項提報審查會及每週院會之法案，亦均在「效率與品質」的要求下，獲得院會的肯定。

為了改革文官制度，積極因應國家發展，提升國家整體競爭力，廣泛汲取世界各國政府再造，和人力資源發展經驗，作為我國因應跨世紀人力資源發展規劃藍圖的參考，秉承許院長的提示及院會的決議，分別於八十七年一月九日至十日，八十八年一月二十五日至二十六日，假台北市世貿國際會議中心，舉辦「文官制度與國家發展研討會」及「公務人力資源發展會議」兩項學術性討論會，邀請國內外學者專家與會。兩項會議的開幕式，均蒙李總統登輝先生親臨致詞，會議過程都順利圓滿，各界評價甚高，我奉命推動相關籌備工作，功成不居，同仁感受頗深，也激發了他們的榮譽感與責任心。

可能是因為我在考試院一年十一個月的表現良好，當考選部陳金讓部長榮調國民大會副議長，許院長便向李總統推荐我去接任，李總統也認為非常合適，一月二十八日我接到正式任命令。正當媒體報導我將接掌考選部部長之際，內閣改組，蕭萬長院長特商請我去擔任行政院祕書長，論情理我應該去幫他的忙，但基於兩年前我才從行政院調考試院，惟恐人言見異思遷，乃婉拒了蕭院長的盛情。

「效能」、「服務」、「便民」的施政理念

八十八年二月一日我正式接任考選部部長，在新舊任部長交接典禮中，我曾作以下的致詞：

院長、副院長、陳副議長、各位委員、許代部長、各位首長、各位貴賓、各位同仁：

今天，挽瀾是抱著如履薄冰的心情，敬謹接受總統的任命，在院長的親臨監交下，接任考選部部長的職務。

考選部的工作，由於歷任部長的精心擘劃，尤其是陳前部長金讓先生的卓越領導以及同仁們的辛勤努力，已奠立了良好的工作基礎。挽瀾到職之後，自當在既有的工作基礎上，依據本院第九屆施政綱領，遵照院長的指示，在副院長、各位委員的指教下，匯集全體同仁的心力，秉持「效能」、「服務」、「便民」的施政理念，在「顧客導向」的前提下，致力於前瞻性的策劃，主動

性的作爲，從考選工作的法制面、政策制度面與方法技術面力求有所突破與創新，並結合各用人機關的需要與社會的專業需求，謀求各項考政工作的精進，藉資強化考選工作的深度、信度與效度，選拔知能與才德兼備的優秀人才，以達到提升國家競爭優勢的積極目標。

新的職務，新的挑戰，爲了今後考選工作的有效開展，挽瀾將會以集體的智慧，群體的力量，針對以下的施政方針，依其輕重緩急，審愼規劃，全力推進：

一、法規現代化，配合政府再造，健全考選法制。
二、制度公平化，公開競爭取才，貫徹憲政精神。
三、政策人性化，避免不當限制，維護考生權益。
四、方式彈性化，重視顧客導向，因應機關特性。
五、試務科學化，簡化作業流程，強化考試品質。
六、行政資訊化，提供優質服務，增進施政效能。

同時，挽瀾更將一本存誠務實的態度，求眞求好的精神，主動積極，廣納建言，以期考選工作的日新又新，而不辜負院長、副院長、各位委員以及社會大眾的期許。

最後，感謝院長的親臨監交，也感謝大家的蒞臨觀禮，更感謝內子的鼓勵與支持。祝福大家健康、愉快、萬事如意。

為了落實以上的施政方針，我在就職後的當天下午，便召集科長級以上的同仁舉行工作座談會，即席宣示今後希望能秉持「顧客導向」的精神，「積功德」的意念，在「效能與品質」並重、「服務與便民」兼顧的前提下，全方位檢討、簡併及鬆綁考選法規，以興利代替防弊，將管制型法規逐步調整為服務型法規，期能真正達到為國掄才的目的。

在為時三個鐘頭的過程中，我聽取了許多同仁對部務應興應革的意見。在這些意見中，有的是就事論事，有的是依法言法，有的更是對我的一些期許，不論哪種意見，我都一一記錄，有的作為日後的工作參考，有的我也即席答覆。總而言之，這次的座談會，不但縮短了我與同仁之間的距離，也達到了雙向溝通的目的。

翌日，在我就職後的首次記者會中，記者們除了問我許多有關考選法規方面的問題，諸如高普考分試制度是否有所調整？若干特考未來是否將歸併高普考？未來有哪些考試會將性別、兵役、體能等方面的限制有所放寬等。對於這些問題我除了作原則性的說明外，並強調一定會盡快與主管部門研商，只要一有結論並報請院會裁定後，當會立即召開記者會予以說明。

除此之外，有記者問我：「在考試院祕書長任內您對同仁要求效率與品質，在考選部您卻要求效能與品質，請問效率與效能是否兩者有差別？」

「在考試院我是幕僚長，一切均是秉承院會的決議、院長的指示及各部會報請院會裁定的法案，都是有時效性的，所以要講求效率高不高。但在考選部我是首長，是法案的制訂者，講求的是法案功能大不大，因此，任何一項法案的制訂，都必須集思廣益，博採眾議，然後再凝聚共識，這個過程是急不來的，這就是二者之間的差別。」

另有記者問：「您在考試院發言的內容從不離稿，為何一到考選部便侃侃而談？」

「這就是做首長與幕僚長不一樣的所在，幕僚長必須善盡「承上啟下」與「調和鼎鼐」的職責，尤其是對院會的決議，我是一個字都無權更改。做首長則不然，不僅要有自己務實的施政理念，要有宏觀的施政方針，也要有解決問題與處理危機的能力、更要有對政策負責的魄力與擔當，否則，就不是政務官。

最後一位記者問我：「今後您將如何推動便民服務措施？能否具體說明您的想法和作法？」

「由於我在祕書長任內對考選部的業務已有一些了解，因此，我認為至少有以下七點可以研究辦理的，例如：一、為確保應考人基本權益，未來將可進一步配合訴願法、行政訴訟法、行政程序法等的修正，檢討應考人申請成績複查制度。二、將來可衡酌用人機關的特性，協調各用人機關，盡量放寬公務人員特種考試應考資格有關兵役、性別、年齡之限制，以維護人民具有應考試服公職之權利。三、為強化因事擇人之考試原則，並因應用人機關業務特性，及人民對參加專門職業和技術人員考試與日俱增的需求，未來本部將會考慮靈活設計考試科目，並力求考試方式之多元化及彈性化。四、日後我將會要求對闈場繕校試題、閱卷查校分數等試務作業加以簡化，縮短考試結束至放榜之期程，使應考人盡早獲知考試結果，用人機關能早日進用所需人力。五、擴大推動行政及試務工作之電腦化，結合全球資訊網，電子郵件，電子布告欄等現代科技，快速提供各項考試資訊。同時，也將積極研究運用網際網路，實施網路報名，落實便民之旨。六、我也會請相關部門，研究在兼顧地方政府行政工作能夠負荷的前提下，參考各種考試應考人之性質及報名人數等因素，檢討增設考區，以便利各地區應考人就近應試。七、提供應考人優質服務，應考人若屬視覺障礙或上肢障礙，均將提供放大紙卡及延長作答時間二十分鐘。而且，國家考場也會擴增無障礙空間及身障廁所，改善置物箱及飲水設備，以資便民。」

經過如此詳盡的回答，至少已為本部的便民服務描繪出明確的藍圖。

在「顧客導向」的前提下整修考選法規

在到職後的工作座談會中，我曾提到今後將在「顧客導向」的前提下，全方位檢討、簡併及鬆綁考選法規。以興利代替防弊，將管制型法規逐步調整為服務型法規。初步的改進方向包括：

接任考選部部長後，重視在「顧客導向」的前提下整修考選法規，並提醒同仁以「辦考試是在積功德」的態度關注應考人的權益。

一、研究規劃司法官、律師考訓合一制度：為改進司法人員考試，並回應各界對法曹考試一元化之期盼，奠立司法改革之良好基礎，本部將會參酌大陸法系德國、日本之司法人員考訓一元化制度，積極研究如何落實司法官、律師考試合一，初步構想包括：考試類科涵蓋法官、檢察官、律師及公設辯護人，應考資格採從寬原則擬訂。本案係司法人員考試制度之重大變革，為期審慎，本部將彙整相關主管機關、職業公會、學術單位及應考人等各界意見，作為規劃參考，藉以達到健全考選法制之目的。

二、研修典試法：避免不當限制，並重視兩性平權，以維護考生之權益。同時，也放寬典試委員之資格條件，使各類考試能遴聘優秀適格之專家學者擔任典試委員，以提升考試品質。

三、檢討特考特用限制轉調政策：為便利各機關人才流通，未來將檢討現行公務人員特種考試及格人員永久性限制轉調之法制，探討放寬修正為服務一定年限後可轉調其他機關之可行性。

四、檢討改進公務人員高考一、二級考試方式：為拔擢優秀高級人才，研提公務人員高等考試一、二級考試改進方案。未來一級考試將改採筆試專業科目二科、「方案規劃」、「問題處理」及口試（兼採個別口試與集體口試）方式進行；二級考試將改採筆試專業科目三科、方案規劃及口試（採個別口試）方案進行。一、二級考試均採分試制，第一試為筆試，第二試為口試，兩試成績合併計算後，按需用名額擇優錄取。為使新制周延及順利實施，曾於民國八十八年八月起召開十一次專案小組會議，及進行高考一級考試集體口試模擬演練及方案規劃、問題處理之模擬測試。

五、因應考試特性彈性設計考試方式：為配合地方政府留用人力需要，修正特種考試基層公務人員考試規則，延長考試分發人員在原分發任職機關及原分發區之服務年限。更為適應各類專門職業及技術人員的不同職業特性及社會需求，將來專門職業及技術人員考試也將改依實際需要，按類科訂定不同考試規則，並分別舉行，在「尊重專業」、「彈性多元」的前提下，分訂各類人員的應考資格、應試科目、考試方法與及格標準。

六、健全考試方法法制：為延攬民間企業菁英出任公職，積極研訂審查學經歷知能之法規，視考試等級及職務性質採計應考人學歷條件及任公職或民間職務之經歷。且為提升考試之信度、效度，亦研究訂定「測驗規則」，逐步推動心理測驗、體能測驗，在傳統筆試之外，增加不同考試方法，以達方式彈性化之目標。

七、檢討研修考選法規：為改進公務人員考試制度，在過去一年中由於規劃司同仁的辛勞，曾研擬完成公務人員考試法修正草案、公務人員升等考試法修正草案、典試法修正草案、高等考試法官檢察官律師考試條例草案等各項重要考選法案。其中公務人員升官等考試法已由立法院於民國八十八年十二月十四日三讀通過，同年十二月二十九日修正公布，並自八十九年七月一日起施行。其修正重點在於廢除雇員升委任考試，以符合憲法所定之考試用人原則。另專門職業及技術人員考試法亦經立法院於八十八年十二月七日三讀通過，於同年十二月二十九日修正公布，自隔年一月一日起施行。其主要修正重要包括廢除檢覈，並將其精神融入考試之中。至於公務人員考試法修正草案已由考試院審議竣事，其修正及立法重點係為健全考選法制，切合機關之任用需要。有關專技人員高普考試將由現行統合辦理的方式，改為依實際需要分散舉行。因此，未來各類科將分別訂定不同之考試規則（如高等考試會計師考試規則、高等考試建築師考試規則等），以取代現行統合規範之專技人員高普考試應考資格表及應試科目表。至於原設各種檢覈委員會亦均將裁撤，並改設各種專技人員減免應試科目審議委員會。為因應此一重大變革，本部已分批邀請各職業主管機關、職業公會、學者專家等重新研擬各類科專技人員考試之應考資格、應試科目、考試方式與及格方式等，期能以更為靈活的方式辦理專技人員考試，以適應各類專技人員不同之職業特性及社會需求，藉資落實方式彈性化，重視顧客導向的施政方針。

八、檢討委託辦理試務之考選法制：由於社會進步分工專業，專門職業及技術人員考試種類日益增加，未來本部將配合典試法修正，研訂擴大委託各相關用人機關或職業主管機關或具公信力之民間團體辦理考試之具體辦法。而委託辦理考試之標準，將不再依據考試之等級，而是依據考試之性質或是否嚴格限制轉調等因素，來決定是否委託辦理考試。擴大委託辦理考試以後，本部未來將因逐步減少試務工作分量，而將工作重點轉移到全面整建考選法制、題庫試題之建立、更新與分析、資訊設備及軟體支援、試務工作指導監督等，以符小而能政府之要旨。

九、強化評量功能提升試題品質：本部每年辦理之各項考試達三十餘種次，應試科目亦達一千六百餘科次，爰於民國八十年起建置題庫，實施以來對改善考試之公平性頗多助益。但因考試種類繁多，性質不一，為期試題內容之適切，未來題庫建置似應針對公務人員及專技人員高普考試中較常列考之科目，加速新增及更新試題，並力求試題型式之多樣化。至於命題技術亦應重視應考人之思考、理解與應用能力。考畢之後，尤應加強試題分析，強化評量功能。同時，根據我親自抽題的經驗，今後有關題庫建置及管理勢將逐步電腦化，藉電腦抽選試題，使試題之組合及配置更具彈性，以發揮國家考試掄拔優秀人才之功效。

十、舉辦考選制度學術研討會：為期廣泛聽取學者專家對於考選政策及方法技術等之改進意見，本部曾於八十九年元月十日、十一日假桃園大溪別館舉辦「八十九年考選制度學術研討會——跨世紀考選政策及方法技術之探討」，參加人員包括學者四十一位、專業人員十一位及院部會同仁六十五位，共計一一七位參與。

以中醫師檢定考試委員會主任委員的身分「點榜」。

此次研討會主題分別為「考選政策」、「考選方法技術」、「比較考選制度」，其中包括當前考選制度中的若干重要議題之探討，如：一、專技人員職業管理法律應如何規範，其和專技人員考試之互動關係為何？能否採取委託方式辦理專技人員考試，現職從業人員執業資格問題應如何加以解決等。二、考用配合政策在政府再造架構下如何整體規劃，如何從開放變遷之角度設計，以符合用人機關需求。三、國家考試能否採行心理測驗，其可行性究竟如何？並藉由國外甄選程序，說明未來我國應規劃採行心理測驗之具體步驟。四、口試功能該如何強化，以及推動集體口試應注意之配套措施。五、對美國、德國及日本等民主先進國家土木工程相關技師、建築師考試及證照制度之研究，建議引進國外可行並適合我國國情之制度，俾增進考試之公信力，羅致優秀人才。

從李總統的勗勉，許院長的致詞，到六篇精闢的論文，精緻的評論，加上四十人次精采的發言，可以明確看出，考銓法制的鬆綁以興利代替防弊，考試方法技術的彈性化、多元化，以及充分運用網路以強化考選效能等，應是此次會議中獲致的多數共識，也是未來精進考選工作的重要指標。隔週的部務會議，我特別要求相關司處，分別就學術研討會的結論，凡屬具體可行的，立即透過相關法規之研修（訂），以及政策制度的調整，進一步加以落實執行，以期國家考試制度能適應新世紀的需求。

化解危機的明快果斷

作為一位政府機關的首長要重視的不是一般的例行公務，而是要在例外的管理及危機的處理中，考驗其管理的能力及處理的魄力。

考選部每年都要舉辦三十多種次的國家考試，因此，總會遭逢一些程度不同的天災人禍。面對這些影響考試而不可預測的因素，並作適時適當的處置，便要看首長如何因應。

為了紓解考選部同仁們的工作壓力，定期為同仁們辦理戶外自強活動。

為了調劑幹部同仁在研討重大法案的心情，我曾開創把部務會議從部內會議室移到環境幽美的劍潭活動中心，以及景色宜人的木柵貓空召開的先河。而為了紓解同仁們的工作壓力，我也親自帶領他們到市立美術館欣賞藝文活動，以及到坪林攬勝、品茗，到南園懷古、健行；甚至在九二一震災後人事行政局已通令全國各機關停辦自強活動的情況下，我卻為了實踐震災前對同仁們的允諾，不惜冒著丟掉自己烏紗帽的風險，為同仁們分三梯次舉辦海外知性之旅。

談到民國八十八年九月二十一日在南投縣集集鎮所發生的大地震，當時，正好司法特考已訂於九月二十四日至二十六日在台北、高雄舉行，機要組人員均已分別入闈印製試題，由於震災所造成人員的傷亡及各種損失實屬空前，以致中部地區的應考人乃紛紛透過地方首長如彰化縣翁金珠縣長，或民意代表如李應元立法委員等親自電話反應，以及透過網路及部長信箱、媒體輿論等，希望停辦此次司法特考，甚至彰化地檢署某位檢察官更直接打電話給我，以極不禮貌的口氣威脅我：「你知不知道我今天驗屍已驗得手軟，哪有心情參加考試？你如果不停辦此次司法特考，我一定起訴你。」我了解他此時的心情，所以我以十分平和的語氣回答他：「我一定會為你們迅速作出合情合理的決策，你辛苦了。」事後我告知同仁，我為什麼要那麼平和的回答這位檢察官，不是我怕他起訴我，而是我應體諒站在第一線救災人員的內心感受，於是，我要特考司胡漢城司長冷靜地去思考如何處理司法特考的因應措施。

經過特考司內部的討論，亦經過胡司長、陳主祕、饒常務次長及許政務次長等高階幹部的研商，始終沒有想出兩全其美的辦法，正當他們尚在腦力激盪時，我卻在思考如何才能維護所有應考人的權益。基於此種考量，我請他們都到部長室，並詢問了以下兩個問題：一、特考司能否在最短時間內，把中部地區報考此次考試應考人名單找出來？二、如果明（八十九）年上半年為中部地區報考司法特考及公務人員升等考試之報考人員增補辦一次考試有無困難？

當大家一致表示都沒有困難時，我便明快果斷地作了以下的裁示：一、本次司法特考基於考試機會均等及維護應考人權益的原則，依照原訂時間照常舉行。二、請特考司立即協調司法院、法務部、人事行政局等單位，同意於明（八十九）年二、三月間增加司法特考一次，凡中部地區此次已報考者，明年欲再報名參加增辦之司法特考時，其報考資格及報名費均予保留。三、原訂於十一月十二日至十三日舉辦之公務人員升等考試，由於災後復建工作尚在進行，而中部地區參與災後復建或是地震受災戶的公務人員，未能如期參加考試者，主管司亦應研究在明（八十九）年五月間補辦考試一次。四、請主管司立即將以上裁示報院並協調院祕書處提報本週四之考試院院會。

當我正要起身赴院向許院長報告因震災而影響司法特考所採的因應措施時，忽然有位同仁發問：「假如有某單位或委員不同意這樣做，那該怎麼辦？」我笑著回答他：「誰願在此關鍵時刻拂逆民意？趕快去辦事吧。」結果不出所料，所有單位的回覆都是「敬表同意」，而週四的院會也是在兼顧考試機會均等及維護應考人權益的前提下，優先通過本部所提增（補）辦考試一次的議案。

在另一方面，我亦在地震發生後第一時間內，詢問位於中興新村本部中部辦公室張亙宇科長，有關同仁們的受災情形及當下最需何種支援？當張科長在電話中告知目前同仁及家屬都平安，惟目前最需帳篷及礦泉水時，放下電話我便請總務司呂理正司長依中部辦公室同仁之需，緊急採購帳篷、食物及礦泉水，並專車專人送往中興新村。另一方面雖然震央是在南投，居住在北部地區的同仁受到損害的不多，但為顧及同仁的安全，我仍然依照少數同仁的建議，委請本部建築顧問陳建築師，就本部同仁登記房屋因受地震影響而有龜裂或受三年多來所建立的袍澤深情，迄今每年仍定期有聚會。

損情形者，主動到其家中勘察，提供必要的建議與協助，藉安民心。凡此種種，誠屬身為首長者為所當為。

令人懷念的袍澤情深

自從我國首次政黨輪替，我婉謝慰留，主動辭卸了一切公職，就在離職的前夕，面對室外的夕陽西下，我一個人靜靜地坐在部長室，細細地翻閱同仁們

的名冊，以及同仁們悄悄在極短時間內，為我編印的一本厚達四百餘頁的《挑戰與願景——吳部長挽瀾的施政理念與績效》，不但使我感動，也使我從大家的名字中，彷彿看到了每一位同仁的身影。在我服務考選部一年三個月零十九天的日子裡，由於大家給我的支持、鼓勵及協助，讓我每一天都過得那麼充實，也過得十分愉快；更由於每一位同仁智慧與心力的投注，使得國家考試一直受到社會各界的肯定，在我即將向各位同仁說「珍重再見」之際，我的確是要為大家辛勤付出所獲致之美好迴響感到驕傲。

當時，我也深深地自我檢討，在以往這些令人難忘的日子裡，如果曾經給予大家過多的工作要求與壓力，即使那是基於國家考試出不得絲毫的差錯，我依然要向大家表達一份難以言宣的歉疚。而且，每當我看到有些同仁比我還早到辦公室，那麼晚還沒有下班，尤其是當我曉得有些同仁是帶著病挨著餓在加班，以及在餐廳裡看到阿雄、水源、陳嫂等總是笑容可掬地在為大家服務時，這一切的一切，無一不使我感念在心。雖然那時我也在回想，有哪些還未能讓同仁們在工作上更有成就感？讓大家在精神上能得到更多的鼓舞？讓同仁們在生活上能得到更好的照顧？凡此等等，限於我在職的時間只剩短短數日，對於這些，我已做的距離自己想要做的，確實是還有一段相當的距離。尤其是當我閱畢同仁們為我編印的《挑戰與願景——吳部長挽瀾的施政理念與績效》之後，不僅使我看到了一年多辛勤推展考選工作的施政績效，就職時所揭示的六大施政方針實施成果，以及任內重要的講話，在院會中的業務報告，歷次部務會議中所作的決議、指示與裁定事項，真是使我感到無限的溫馨，也充滿了自我實現的成就感。而十八位具有代表性的同仁們所撰寫那些真情流露的溢美之詞，更是使我感愧交併，久久難以平復內心的激動。茲列述於后，用以永誌不忘。

在許慶復政務次長的〈挽公部長的施政理念與行事風範〉文中提到：

吳部長於八十八年二月到任以來，雖僅一年三個月的時間，然始終秉持著「效能」、「服務」、「便民」的施政理念主持部務，使考選行政展現新風貌。「辦考試是在積功德」是部長時常提醒同仁的一句話，用來期許各單位能將應考人的權益擺在第一位。基於這種以顧客爲導向的服務精神，推動各項考政革新工作，在這一年多的時間裡，不論在考選法制或方法技術面上，都表現出卓越績效。

又說：

建立企業識別標誌（LOGO）是現今時代潮流的趨勢，除了對外可以達到宣傳的效果之外，對內也可以讓所屬員工凝聚共識，進而對企業產生歸屬感。吳部長到任之後，即建立考選部識別標誌，並製作部徽，贈與本部每一位同仁，除樹立考選部專業一致的形象之外，對於凝聚同仁的認同感和向心力亦有相當助益，可謂爲部長任內的一項創舉。

在文中的最後，他強調說：

本人由學界轉至行政機關工作，由學者身分轉爲行政機關的副首長，於行政事務處理與角色扮演上，均和以往有所不同，難免會有需要調整與適應之處，部長曾經提醒本人：『凡事要耐得住煩，更要沉得住氣』，這兩句話對本人日後在工作上的態度與表現以及待人處事方面，均有莫大的助益。

另據考試院蔡良文副祕書長在〈我所認識的吳部長挽公〉文中說：

十多年前，當我兼任文化大學行政管理學系行政學課程時，因準備教材，蒐集資料，得拜讀挽公大作《行政學新論》及《行政組織與管理》，深覺內容深入淺出，見解精闢，令我印象極為深刻，故常引為教學之資，師生皆蒙其惠。可憾者，乃識荊無由也。

人世間事甚難預料，或許是「有緣」。民國八十五年六月二十四日，我擔任考試院副祕書長；次年三月十日，挽公繼伍錦公出任考試院祕書長，因而有幸追隨共事。挽公有望之儼然之威儀，但即之也溫，與之相處，如沐春風。挽公治事忠勤，非常積極、用心地投入工作。猶記挽公就任未久，即逢立法院審查本院年度預算，審查前，挽公請各單位研提備詢模擬問答參考資料約百頁，詳加批讀三次以上，並加強與立法委員溝通，由於各項準備充分，預算獲得立法委員普遍支持，在很短時間內即順利通過。

八十八年二月一日，挽公榮任考選部部長，任內重要事蹟有：配合政府再造，健全公務人員考試法、典試法、高等考試法官檢察官律師考試條例等各項考選法制，推動專門職業及技術人員考試法、公務人員升官等考試法完成修正立法程序；爲保障應考人權益，主動研究放寬應考人複查考試成績調閱試卷等規定；重視顧客導向，檢討改進高級公務人員考試方式；檢討縮短試務作業流程，提早考試放榜時間；突破傳統，以電腦影像將國家考試考畢試題存放於網際網路供民眾自由檢索等等，展現高度的企圖心與宏觀的思維，對於配合政府再造，積極推動行政革新與考選法制之建立功績卓著。

挽公於祕書長及部長任內，除因公出國者外，每次院會必定到會，從未缺席。常謂：「今日你爲同仁勇擔責任，他日同仁爲你分憂解勞」，亦嘗勉勵同仁要「惜緣」、「惜福」，珍惜現在、珍惜所擁有的一切。挽公爲人厚道，自信但謙沖自抑，照顧晚輩與提攜後進，實爲吾人尊敬之長者。

而饒奇明常務次長則以〈一位溫厚儒雅的長者——吳部長挽瀾〉來敘述他一年多來的感受。他說：

猶記得初中時就讀的大成中學校歌中有一句歌詞是「挽狂瀾於怒濤兮」，意在勉勵學子在亂世中應作爲中流砥柱；許多年以來，時聞黨政界裡有一位「吳挽瀾」先進，對其特別的名字因感好奇而時興嚮往，期盼能當面結識請益。不過，直到民國八十六年吳部長接任考試院祕書長一職以前，我始終未曾與吳部長有謀面之緣。吳部長是一位極稱職的祕書長，謹守分際，而當時他給我的印象，主要還是外貌上的不苟言笑。

民國八十八年二月一日吳部長接任考選部部長一職，很快的，在他嚴肅的外表中，同仁們都感受到他的溫厚儒雅，子夏謂孔子「望之儼然，即之也溫」，確實是可作爲吳部長最佳的寫照。事實上，多年執教的成就，也使吳部長成爲「人性化領導」的最佳代言人；他嘗自許：擔任部長，必須透過理念來領導，故在就職演說中，提出了六大施政方針，期勉同仁主動改進各項業務，落實「效能」、「服務」、「便民」的基本理念：法規現代化，配合政府再造，健全考選法制；制度公平化，公開競爭取才，貫徹憲政精神；政策人性化，避免不當限制，維護考生權益；方式彈性化，重視顧客導向，因應機關特性；試務科學化，簡化作業流程，強化考試品質；行政資訊化，提供優質服務，增進施政效能。一年多以來，各項施政方針已全面展現具體績效，功績卓然。

記得在吳部長上任之初，以及其後許多次部務會議之中，再三懇切的要求各單位同仁體認「辦考試是積功德」的道理，將心比心，以應考人的角度全面檢討各項考試試務作業，尤其是應考人因爲心情緊張，在不熟悉國家考試作業規定的情況下，不慎違反試場規則，吳部長再三要求不應對應考人過於苛責。這種過人的胸襟，這種以興利代替防弊，以服務取代管制的開創作風，的確值得大家學習，作爲榜樣。

陳和記主祕則以近距離的觀察，就其所見所聞作以下的描述：高績效、公平公正、寬厚樸實、爲民服務、有政治家的風範，是我們吳部長挽公的寫照。以下謹就個人對吳部長的認識及所見所聞略述如下：

一、清廉自守、待人寬厚

吳部長公私分明、一絲不苟，除曾於部務會議裁示同仁宜本「當用則用、當省則省」之精神，取之於考生，用之於考生，並要求會計室及總務司從嚴審核同仁辦理各項業務所支領之費用名目並定期盤點或不定期抽查各項經管財務，避免浪費公帑及公器私用之情事發生，亦常自掏腰包慰勞機要人員辛勞等等，足見其正直與清廉。

吳部長屢屢於部務會議中期勉同仁應以「辦考試是在積功德」的理念，重視應考人權益，加強爲應考人服務，俾落實顧客導向，並維護政府形象，同時提升自我滿足感及自我價值感。此外尚指示人事室定期舉辦知性之旅及專題講演，以紓解同仁壓力，滋養心靈。由此亦可見其寬厚及仁心。

二、思慮縝密、果斷明快

去（八十八）年九月二十一日集集大地震造成中部地區重創，數日後即將舉行司法特考，應考人紛紛詢問是否如期舉行，而正反意見亦紛至沓來，吳部長在了解各方意見並審酌利弊得失後，旋即於九月二十三日作成該項考試如期舉行之決定。此外考量災區應考人應試權益，並採取三項措施（即〈一〉於八十九年二月間增辦考試；〈二〉災區應考人缺考得申請退還報名費；〈三〉若入場證及身分證因震災損毀或遺失得以按捺指紋方式應試）以茲因應。同時針對因投入救災工作致未能應考八十八年十一月升等考試之公務人員得參加八十九年五月增辦之公務人員升等考試。以上兩項決策雖在極短時間內決定，卻充分兼顧考試機會均等及應考人權益，尤見吳部長之決策能力。

三、講求效率、注重品質

吳部長於首次主持部務會議（第五二七次部務會議）時即明確裁示同仁應注意行政效率及公文品質，並多次於部務會議裁示中提示同仁要秉持「處處細心、事事檢查」的態度審慎辦理各項試務工作，以落實試務工作零缺點。此外亦期勉同仁以管子之「不法法則事無常」自我惕勵並嚴明賞罰，以強化工作紀律。吳部長對工作效能及品質之重視可見一斑。

四、研修法規、健全法則

吳部長上任以來基於顧客導向理念，積極推動多項考選法規之研修工作，諸如國家考試考區設置原則、委託辦理試務辦法、試題疑義處理辦法、試場規則、監場規則及公務人員初等考試規則等，其中對於公務人員升官等考試法及專門職業及技術人員考試法，吳部長曾於第五四六次部務會議中裁示數項原則以建立推動該二法修法工作之整體戰鬥布署，經由吳部長之運籌帷幄及其綿密之人脈網路支持下，以極快的速度順利完成立法程序，堪稱一大創舉。

吳部長秉持民主法治精神，積極研修考選法規、改進考試技術、健全考試制度，以期網羅優秀人才爲國所用。禮記曰：『善歌者使人繼其聲，善教者使人繼其志。』台灣從威權統治強人領導走入民主政黨政治的道路，面對民主化、全球化、資訊化發展的潮流趨勢必須用人唯才，對於提升各類公務人員及專技人員素質及激發其潛能，吳部長功不可沒。如此有績效、公平公正、寬厚樸實、爲民服務、有政治家風範的吳部長將長存我心，堪爲典範。

原本以為此一感念文集只是考選部同仁所寫而已，沒想到院本部三個業務組組長亦主動撰稿，藉以表達彼等之情意，頗使我為之動容。

第一組邱華君組長是以〈崇德懿行，識見閎通〉為題表達他的心意：

我接受挽公部長薰陶領導，始於民國八十六年三月起，他擔任考試院祕書長二年時間，深感吳部長治事之勤謹、爲人處事之謙和、練達之素養，爲常人所不能及者，僅提數端，以窺其待人處事之精神。

一、茹苦勤學，擔當大任

吳部長讀書以樂，治學以勤，獲菲律賓馬尼拉大學公共行政碩士，洵經縣政府主任祕書以次歷練，學識經驗俱豐，榮任部長，獨當一面負起重責大任。

尤以就其所長所學「管理與心理」運用於公務中，具有獨到見地和效果，足資後學晚輩敬佩學習。

二、生活嚴謹，爲人師表

部長平日生活規律，起居作息嚴謹有序。公餘亦在國立大學兼任教授有年，奉公守法、品德如玉，操守無瑕，他言行舉止中規中矩，爲青年學子所敬重，眞不愧爲人師表。

三、獎掖後進，求才若渴

他一生獎掖後進求才若渴，有「一藝之長、一行之善」，常以揄揚汲引，任職考試院祕書長或考選部部長用人留才，均秉持內薦升、外延攬並行，扶掖後輩，愛護有加。

四、敬業樂群、絲毫不苟

吳部長擔任每一職位，均懷著用心、細心、耐心、愛心處世，且其抱持著敬業樂群精神，樂在工作的人生觀，殫精竭慮的完成任務。其做事之認眞、執著投入與一絲不苟，對考政興革，著有貢獻。

五、敬謹任事、建樹考政

吳部長接掌考選部雖僅年餘，但大幅修正公務人員考試法、典試法及其他各種考選法規，改進命題及閱卷品質，充實更新題庫，莫不坦蕩胸懷，聽取、擇採各方意見，銳意擘劃革新，成效斐然。

總之，吳部長一向謙和寬容，確爲望之儼然，即之也溫的長著，他的待人風範，處事態度，足爲學習楷模。今因政權交替離職，實令人有一股難捨之情，謹聊述數語，藉表衷心祝福，平安健康。

第二組李惠民組長則是以〈負責盡職維護考試用人的吳部長〉發抒他的感懷如下：

吳部長即將榮退，院部同仁均感不捨。部長先後任職院祕書長、考選部部長，同仁對部長負責盡職及維護考試用心，均表感佩。

記得部長於院祕書長任內，因本組組長公出陪同考試委員前往南部考察考銓業務，部長臨時無法聯絡組長，乃於當晚電話指示翌日上午院長召集相關人員商談警察人員人事法制相關事宜。當時已逾十二時，部長卻未休息，仍爲公務忙碌。隔日清晨，部長即到院處理，較工作人員爲早。

又於考選部長任內，參與院會審查考銓法制，對維護考試用人政策，不遺餘力。以審查聘任人員人事條例草案爲例，爲有效解決科技研究人員及文化專業人員用人問題，研擬上開修例草案報院審議，於院審查會審查時，部長主張由考選部常設甄選委員會，辦理各機關新進聘任人員之甄選工作，審查會爰通過部長主張條文。如經立法院完成立法，聘任人員雖得不經公務人員高普考試，仍應由考選部設立之甄選委員會，就合於聘任資格者，以公開競爭方式甄選。對考試用人政策的維護，確有助益。

部長於院部三年任職時間負責盡職及維護考試用人，謹舉以上二例，表示敬佩之意。

第三組陳火生組長更是認為我是眾相稱譽的好長官，他說：

公務生涯中，每個人都會經歷很多不同類型的長官，接受他們的指導、磨鍊和薰陶。長官調職時，有時會讓人感到如釋重負，有些會讓人「額手稱慶」，有些則讓人依依不捨，無比感念。吳部長挽瀾先生就是那種讓部屬感念，一致豎起大拇指的好長官。

民國八十六年三月，挽瀾先生基於與許院長水德先生多年知交之誼，應邀毅然辭去行政院青輔會主任委員，到考試院接任祕書長職務。由『熱衙門』之行政院部會首長轉任『冷衙門』之考試院幕僚長，一般人定會多所考量，挽瀾先生卻毫不猶豫，欣然就任，充分展露其重情義輕名位的眞性情。

考試院是合議制的決策機關，組織法置有十九位獨立行使職權的考試委員，祕書長除負責院本部之行政事務、指揮監督所屬、提供決策資料外，尚須「調和鼎鼐」，統籌協調院及所屬部會間之業務與庶務，有如「石磨仔心」，是頗爲吃力不討好的職務。歷任祕書長都有爲同仁之疏失或表現欠佳，在院會中遭受考試委員數落，或爲同仁之委屈據理力爭，與考試委員或所屬部會首長發生爭議之經驗，挽瀾先生卻能「舉重若輕」，愉快勝任，在短短一年十一個月的任期中，不但多所興革貢獻，而且上下一團和氣，贏得院部會同仁高度的肯定與讚佩。

個人因職務關係，有幸得在挽瀾先生祕書長任內親受「操練」，除了工作上之指導外，也從他身上學到不少待人處事的道理與啓發，深覺獲益良多，終生受用。茲謹就個人切身體驗及「近距離」觀察所得，簡略描述其領導特質與風格：

一、閱歷豐富，處世圓融：挽瀾先生歷任國民黨、救國團及各級政府機關不同性質之要職，眼界寬闊，見識過人，加以素獲敬重，人脈廣布，任何公務上之疑難雜症或棘手問題，到他手上總能迎刃而解，獲得圓滿處理，這種長期積累之個人清望和影響力，實爲機關推動政務至爲寶貴的無形資產。

二、全心投入，負責盡職：由機關首長轉任幕僚長，挽瀾先生並無任何角色調適上之心理障礙，立刻全力推動各項工作。如甫接事便於最短時間消化各單位所提業務簡報及大量之模擬問題，順利通過立法院預算審查、充分掌握研析考銓輿情反映，隨時提供院長了解處理等，其專注用心、以身作則之任事態度，所屬同仁無不感佩。

三、沉著穩健，果斷明快：由於肩負繁鉅，久經歷練，處理大小公務或遭遇任何狀況，挽瀾先生總是從容不迫，立刻抓住問題重點，斷然採取適當因應措施或指引清楚方向，使事情獲得妥善解決。這種執簡馭繁、快刀斬亂麻之果決作法，在危機處理、主持會議或同仁碰到疑難請示裁奪時，最能顯現其魄力與效率，令人折服。

四、充分授權，注重績效：挽瀾先生擔任首長多年，並長期在大學兼任教席，深諳統御領導和組織管理之理論與實際，故頗知人善任；其於工作上則極尊重體制與專業，採取充分授權，但亦相對課予各級主管責任，要求績效，故各級主管人員無不自重自勉，力爭上游，不敢懈怠。考試院一級單位主管深夜接獲祕書長電話指示緊急公務，連夜趕辦，翌晨完成任務復命之經驗，想必記憶猶新。

五、惜緣惜福，愛護部屬：挽瀾先生外表望之儼然，內心其實甚爲溫厚，常期勉同仁人生無常，聚散難料，芸芸眾生，能爲同事，至屬難得，宜珍惜共事之機緣與福分，眞誠相待，互助合作，共同努力；其本身亦身體力行，對所屬之關懷照顧、栽培提攜不遺餘力，令同仁士氣高昂，溫馨難忘。

語云：「將帥無能，累死三軍。」好長官不但是機關發展領航的舵手，也是同仁公務生涯中的「貴人」，能夠追隨挽瀾先生的部屬，不論時間長短，一定都會感到自己的福氣和幸運。

本部王成基參事曾撰文表達他的無限感念，他說：

吳部長挽瀾先生主持考選部務雖然只有一年三個月又十九天的時間，卻讓人深深感受到部長是一位待人眞誠、處事周密，值得追隨的好長官。

猶記今（八十九）年四月八日，筆者與特考司數位同仁約好前往顧故前次長守之先生府邸行禮致敬（按顧前次長曾於特考司之前身第一司服務長達三十二年，不幸於今年三月二十八日辭世），行前向部長報告，部長當即表示欲一同前往，按顧前次長自本部退休已十四年，部長應非熟稔，卻在百忙之中親往致意，足見爲人之眞誠與周到。在乘車同往途中，部長談到渠對同仁升遷及獎懲向極審愼，對於人事室簽報之升遷案件，均與兩位次長、主祕及相關單位主管共同商議後決定，力求公平、公開，不希望有任何一位同仁受到委屈。回程途中，部長談及對於退休同仁，應多加照護與關心，尤其是子女單薄者。由此小事，益徵部長是一位慈悲爲懷的長者。

八十八年下半年，部長接受同仁建議，舉辦了五梯次出國旅遊活動，筆者奉命擔任新加坡第二梯次領隊，部長於行前當面交代了許多應注意的細節，諸如少攜帶現金、勿單獨行動、勿受託帶不明物品等等，出發當天清晨四時四十分集合，四時五十分即接到部長電話，垂詢參加旅遊同仁及眷屬是否均已到齊，並再次叮嚀注意安全，祝福同仁一路順風。部長對部屬關愛之情可見一斑，同時亦可見部長為了一償同仁出國旅遊的心願，其自身實背負了相當沉重的責任，同仁在回味異國風情之餘，常感念部長的大力成全與擔當。

部長溫文儒雅，但需當機立斷時，卻處事明快果決。茲舉一例，八十八年司法人員特考舉行前三天發生九二一大地震，考試是否如期舉行，實是一個兩難的抉擇，部長當時考量大多數應考人之權益，毅然明快決定照常舉行，之後公務人員升等考試，應考人透過各種管道要求延期舉行，部長基於同一理由亦決定照常舉行，惟為照顧因受災或救災而無法應考者之權益，決定於八十九年上半年增、補辦該二項考試，雖然本部承辦考試同仁倍加辛勞，但此一兼顧全體應考人權益之重大決定，普獲社會各界好評。

初見部長常給人一種嚴肅、不苟言笑的感覺，但只要和他相處片刻，即可感受到他的平易近人，毫無官架子，一年多來，從未見他對同仁疾言厲色，他交代部屬任務時，總是不厭其煩的說明來龍去脈，並將要點叮嚀再三。同仁有困難，他設法解決，同仁有病痛，他噓寒問暖。他將部裡同仁視如子女弟妹般的呵護疼惜。

總之，吳部長挽瀾先生是一位處事周妥、思慮縝密的智者，忠恕待人、宅心寬厚的仁者，果決明快、不畏艱鉅的勇者，雖然只有短短一年三個多月的導引，卻是本部同仁莫大的福分，留給同仁們無限的感懷與感念。

主管本部各項重要法案制訂之規劃司，業務頗為繁重，李震州司長更是一位率真耿直，頗具文才的主管之一，在他那篇〈我所認識的吳部長挽瀾〉文中娓娓說道：

初識吳部長是民國八十六年七月，參加考試院研究發展委員會某次委員會議，當時他擔任考試院祕書長，也是院研發會的主席，我則代表考選部擔任委員；其後數度往來接觸，多是在會議場合且僅止於公事，並無緣進一步親炙其處事與爲人。八十八年一月下旬，媒體已披露將由考試院祕書長吳挽瀾先生接掌考選部務，原部長陳金讓先生則已先行榮調國民大會擔任副議長，某日下午突然接到吳祕書長電話希能到他辦公室一談，這是我第一次進他的辦公室。他開門見山的表示即將接任考選部長，而我在部服務多年且負責綜合規劃業務，所以希望我能對當前部務現況以及未來可能之業務改革方向，撰擬一簡單書面說明供其參考；因爲時間急迫不敢怠慢，當天晚上立即動筆，並從法制面、政策制度面、方法技術面分別提出多項改進意見用供參考，次日上班即行覆命。根據這份資料爲經，以其豐沛行政管理知識爲緯，吳部長親自撰擬他在交接典禮上之講稿，並提出了法規現代化、制度公平化、政策人性化、方式彈性化、試務科學化、行政資訊化等六大施政方針；在交接典禮舉行後召開的記者會上，他更具體的提出了配合政府再造，全面檢討、簡併及鬆綁考選法規的構想，在作法上並以興利代替防弊，將管制型法規逐步調整爲服務型法規。相當程度的展露了他強烈的施政企圖心。

在接任以後第一次舉行的部務會議上，他立即提出指示，將重要考選法制之研修逐案列出詳細工作進度並予列管，初期由於推動時程甚急，沉重的工作壓力接踵而來，同仁亦頗有微詞；不過龐大壓力之下，成果卻也逐步呈現。回首過去這一年多來，考選部所主管之多項法律，其中在立法院延宕多年的專門職業及技術人員考試法修正案，以及根據立法院職權行使法退回重擬之公務人員升官等考試法修正案，均在去年十二月底完成立法程序由總統明令公布；公務人員考試法修正案、典試法修正案、高等考試法官檢察官律師考試條例草案等，在充分徵詢各方意見之後，亦經考試院審議通過函送立法院；至於監試法修正案、外國人應專技人員考試條例修正案，亦已完成修正初稿，即將報請考試院審議。相信大家的辛勞與汗水絕對不會憑白付出，新制實施以後所產生之具體成效，將足以證明是有代價的。

個人因爲業務上的關係，和吳部長之間有頗多接觸與對話，對照近年來重要業務之推動狀況，他個人的領導風格顯然是個重要而且成功的關鍵因素。

簡而言之，吳部長的領導就是「充分授權、分層負責」，以規劃司的業務來說，絕大多數都是循行政程序先在部內建立共識，再協調溝通相關機關、團體，並徵詢學者專家之看法，然後再提考試委員座談會聽取意見，最後透過法規委員會及部務會議完成法定程序後報請考試院審議；整個的流程中，部長大多僅提示原則性意見，比如避免不當限制或重視顧客導向或簡化試務流程等。即便是爭議性案件，他有既定的主張但也從不先行表示意見以免影響同仁思考。所以個人雖然位居常任文官，但經常會有高度參與決策的滿足感，在這一方面部長尊重每一位主管的判斷，並給大家相當寬廣的揮灑空間。吳部長服務公職年資不長，除早期擔任嘉義縣政府主任祕書外，以後即任職中國青年反共救國團、中國國民黨組織工作會、中國國民黨台灣省委員會等重要黨團職務，八十五年六月始重新轉入公職擔任行政院青年輔導委員會主任委員，八十六年三月接任考試院祕書長，八十八年二月接任考選部部長；由於過去黨政經歷完整，累積之各方人脈關係誠可謂是他最大的無形資產。以目前立法院的政治生態來說，共有四黨一派兩百多位立法委員，一項法案要經過冗長過程順利完成立法程序，困難度確實很高；我們看到吳部長率同許政務次長親訪朝野各黨團，並從法制委員會召集委員將法案排入議程開始，到委員會完成審查，安排協調朝野黨團協商簽字，排入程序委員會列爲優先審議法案，最後順利完成二、三讀程序，在他的運籌帷幄密集溝通之下，整個立法流程首尾銜接一氣呵成，考試院許院長也爲此在院會中公開讚揚肯定吳部長和立法部門的良性互動關係。身爲業務主管司司長以及國會聯絡小組成員，看到吳部長的主動出擊成果斐然，除了敬佩而外，不免擔心後繼者能否延續這種跨黨派的穿透力，進而順利推動立法？

細數個人在考選部服務過的十七個年頭，迄今共歷任五位部長，每一位部長行事作風雖然有別，但是卻都有其成功之道。以吳部長而論，其個性宅心仁厚，處事積極進取，頭腦靈活清楚，做人面面俱到；遇有困難險阻，絕不硬碰硬，而是迂迴前進設法尋求最大公約數，以修法來說，只要大的改革方向不變，其餘枝節末葉無不可以妥協讓步。這種作法有時雖遭致批評缺乏理想性，但衡諸相關法案在考試院、立法院審議過程中皆能小幅修正後順利通過，足見務實原則之重要。將來考選部如果要編纂部史，對於吳部長的事功相信一定會這樣記載：「在接掌部務的一年三個月零二十天任期中，將延宕多年之專技人員考試法修正案、公務人員升官等考試法修正案，順利推動完成立法程序；同時完成公務人員考試法修正案、典試法修正案、高等考試法官檢察官律師考試條例草案，送請立法院審議。對健全考選法制，促進法規現代化著具貢獻。」在此除敬謹祝福吳部長退職後身體健康，並永遠保持愉快的心情之外，特別要說的是本年一月在考選制度學術研討會中，吳部長花了相當的心血所提出來的「國家考試未來之願景」，在未來的幾年中一定會逐步的付諸實現，而時間將會證明這些願景有其前瞻性與可行性。

高普考司林尚達司長曾經對我堅持國家考試應公平公正與公開競爭的原

則，至表認同，他說：

吳部長除曾在大學院校任教作育英才之外，歷任中國國民黨及政府機關之重要首長職務，並主持過中國青年反共救國團重要團務工作。此外，吳部長還得有兩顆「木章」（以筆者曾參加之狼級幼童軍視之，「木章」實等同將軍領肩上的「將星」），是中國童子軍的重要領導人物，對中國童子軍有極爲卓越的貢獻。吳部長可說是教育及黨政軍團資歷齊備。所以，吳部長無論思考推動重大政策，領導管理施政團隊，或周旋往來人與人之間，均能盱衡法律、時空、人事與資源環境，以高遠的胸襟懷抱，圓融的溝通斡旋，以及細膩而周到的技巧手腕，按部就班進行，所以攻無不克，每戰必勝。如能學得其高明中十之一，於我輩實將受用無盡。其中，最教筆者崇敬銘記者，厥爲主持考選工作對「公平公正、公開競爭」的堅持。

考試制度爲我國獨創的優良傳統，此一優良傳統，主張國家用人應實施超然獨立的考試制度，行憲後並將考試制度明白載入憲法，以憲法之無上權威，宣示國家必須實行公平公正的用人制度，而「考選」乃爲此一考試用人制度之第一步。

以「公」的觀點來看，政府機關及公營事業之任何一個職位，都是國家之公器，其用人都應該以公平公正、公開競爭的方式辦理，絕不容許私相授受或遂行分贓。同時，政府機關及公營事業之任何一個職位出缺，任何符合法規規定資格的人民，應該都有參與公開競爭的機會，而且此一公開競爭必須公平、公正。惟近年有時只爲一己之私不惜運用各種手段以達目的。民國八十五年公布施行的〈公務人員考試法〉第二條明定：「公務人員之考試，以公開競爭方式行之，其考試成績之計算，不得因身分而有特別規定。其他法律與本法規定不同時，適用本法。」此一法律條文，彰顯了憲法精神，實現國家用人的公義，增進全民公益，是考選公務人員的「天王條款」。因爲有此法律規定，過去一些受人詬病的權宜措施得以從此關門。例如，各機關自行進用未經公開競爭國家考試及格者，已無法再循非公開競爭的封閉性資格考試取得任用資格，此類人員爲爭權益，亦曾透過各種方式，要求本部繼續爲渠等辦理此類便宜行事之考試，幸賴吳部長堅持憲法精神與法律規定，運用其所獨具之細膩周到與高明圓融，使此類人員了解本部依法行政之堅定立場，並深獲各級民意代表的充分支持。爲更進一步體現國家考試公平公正、公開競爭的精義，吳部長積極修正「公務人員升官等考試法」，將原來考試總成績六十分及格，修正爲錄取人數以各等級各類料全程到考人數之百分之三十三爲上限，賦予升等考試「公開競爭」的精神。該法經與各界充分溝通後，僅以四個月時間即完成立法程序（民國八十八年八月二十三日函送立法院，同年十二月二十九日總統公布該法），實賴吳部長獨具之細膩周到與高明圓融溝通協調，始得以如此快速而有效率地完成立法程序。

　　三月春分，總統選舉的結果揭曉；五月初夏，政府於焉輪替，吳部長決定隨同辭官。吳部長在任雖然短暫，筆者承乏高普考試司，有幸常能受到部長之親炙教誨，只是生性駑鈍，吳部長之細膩周到與高明圓融學不得千分之一。

然而吳部長對國家考試公平公正、公開競爭之堅持，最教筆者崇敬感佩。今後，不管政府再造會將國家打造成什麼模樣，作爲考選部的一員，公開競爭、公平與公正的辦好考試工作，應作爲我們的道德信仰和工作準則，因爲那是考選部的價值所在。

當年的參事兼部長辦公室主任，後調任總務司林麗明司長，曾以〈記吳部長二三事〉為我在任內的一些作為，作了如下的見證：

追隨吳部長一年多以來，眼看著這位溫厚的長者要離開部裡的同仁，心中自是有幾分的不捨。雖久聞吳部長「寬以待人，嚴以律己」，但第一次認識吳部長是部長剛要到部上任的前兩天，要我到考試院祕書長辦公室，提到請我到部長室幫忙的事。由於從未與吳部長共事，心中不免惴惴。然而一年多的相處歲月，耳濡目染，考選部在他的領導下，同仁們有如「沐浴鴻流，群生安逸」的情境中；且部務在他的領導下，業務蒸蒸日上，同仁和樂相處，少了往昔的猜疑，多了一分融洽，展現了他的領導風格與特質，始信吳部長在短暫的一年多的歲月裡，有足述者多矣，謹述其一二：

一、重塑考選部的組織文化

由於部長幾十年的從政經驗，及長期從事「行政組織與管理」的研究，在大學授課二十多年，對機關組織與員工士氣多做研究，爲致力於考選工作的推動，到部不久，即憑其對中國文化的素養及體認政府應有企業的精神，因而首創以「金鼎」與「選」字構成的圖樣，作爲本部的「部徽」，以表徵本部具有企業的企圖心及作爲員工認同的象徵，他認爲「鼎」爲古代傳國重器，亦爲煉丹器物，象徵本部爲國選才，即係人才試煉；「鼎」有三足，又名「鼎甲」，係古代科舉考試狀元、榜眼、探花的總稱。鼎爲金色，係取黃榜之意，「選」字係自本部印信拓印，意指「甄選」，「鼎」、「選」二字併列，即務期本部考選業務能革故鼎新，日新又新，並藉以識別本部同仁，凝聚向心力。

另爲激勵同仁願意爲本部奉獻心力，進而創造一良好的、適合於人性需要的工作環境與建立參與溝通的管道，消除同仁對組織的隔閡與疏離感，減少對工作的倦怠感，藉以激發同仁工作的潛能，並使同仁能在工作中肯定自我，進而對組織產生認同，願意爲組織奉獻心力；特別責成人事單位推動員工的休閒活動，定期舉行員工的「知性之旅」，使員工在工作勞累之餘得以有知性的休閒活動，加強溝通機會，藉以穩定疏解員工的工作情緒，而達增進工作效率的目的，因有此多項之舉措，使同仁能沐浴在祥和融洽的組織環境中工作，使部的工作環境多了一分人性，也多了一分尊嚴，其致力於本部組織文化之型塑有足多貢獻。

二、建立以顧客爲導向的服務觀念

吳部長到部後，爲致力於考選工作的策劃與執行，深切了解本部服務對象爲應考人，有關法令規章應隨時檢討改進，始能有效滿足應考人的需要。於到任之初，要求本部同仁應在「顧客導向」的前提下，從考選工作的法制面、政策制度面與方法技術面力求突破與創新，因而於任內挾其數十年黨政經歷及個人豐沛的人脈，於立法院同一會期內，完成了「專門職業及技術人員考試法」及「公務人員升官等考試法」二個法案的立法程序，這是考選部有史以來值得一書的，其對考選業務的法制化貢獻厥偉，使本部考選業務之法制更臻完善。而此等努力均可歸依於其本人深切體認到政府施政作爲，必須符合時代潮流，始能滿足民眾需要的便民、服務理念。

另爲便利應考人取得各項考試資訊，以吸引優秀人才參加考試，他要求充實本部網際網路，電話語音暨傳眞服務電話登錄等各項資料，設置考試資訊電子看板等，以服務應考人；由於爲國家選拔人才影響深遠，期望同仁應有考選工作係服務性的工作之體認，秉持「處處細心，事事檢查」的態度，並以喜樂、積功德的心情以對，以發揮團隊精神，務使工作達到零缺點，以強化社會大眾對國家考試的信心。

三、危機處理的能力

部長處事明快果決的作風，又得一印證者，殆爲其危機處理能力更深爲人擊掌。例如民國八十八年九月二十一日發生集集大地震，此時，適逢司法特考訂於九月二十四日至二十六日在台北、高雄舉行；此時機要組已入闈印製試題，由於震災損失相當慘重，中部地區的應考人或透過民意代表，或網路、部長信箱反應，要求本部停止本項考試。此時輿論排山倒海而來，其中甚至有彰化地檢署檢查官直接打電話給部長，要求部長如何作爲等不禮貌的言辭，吳部長在此時的壓力之大可想而知。部長幾經思考與研議，爲維護大多數應考人權益，迅即決定本年司法特考如期舉行，並要求主管司協調司法院、法務部、行政院人事行政局等單位，於八十九年二、三月間增辦司法特考一次。接著有關公務人員升等考試，訂於十一月十二日至十三日舉行，由於震災復建工作尚在進行，而中部地區公務人員或參與震災工作，或亦是地震受災户，而未能如期參加考試，吳部長亦要求主管司研究於八十九年五月二十七日至二十八日補辦考試一次，如期化解來自各方面的壓力。吳部長此種果斷及危機處理的能力，無不受到同仁的佩服。

在過去一年多的相處歲月裡，深切體認吳部長的爲人謙和有禮、虛懷若谷及從善如流的個性。遇有問題必先充分溝通，所作指示均明確可行，因而深得各單位主管及本部同仁的讚賞與佩服。他所提施政理念與方針，在轉化爲決策並逐步付之施行時，均能務實地掌握要領與時效，故其領導風格與爲人處事，均有足爲吾人效法與學習者多。他常說，凡是一個快樂而成功的人，無不喜愛他所做的工作，而不是只想做他所喜歡的工作；事實上，職務能帶給你什麼並不重要，重要的是你在這個職務上能貢獻什麼？能學習什麼？能影響什麼？一個人唯有經常能保持樂在工作的心境，就必能豐富自己的生活，美化自己的人生。因而『樂在工作』可說是他的座右銘；『作什麼像什麼』則是座右銘送給他的冠冕。

雖然吳部長要離開部裡同仁了，相處的歲月雖短，但他留給部裡的是更多的尊嚴，也帶走同仁更多的尊敬與懷念。

本部唯一擁有國立政治大學教育學博士學位的女性主管，題庫管理處曾慧敏處長亦以〈徐風雖暫，已然留印〉為題，敘述她的所聞，所見、所感，她在文中曾謂：

吳部長未上任前即已耳聞其在管理上之長才，前任機關上下同仁豔羨我們有這位長官領導的福分，雖然僅是短短一年多的時間，但至目前個人十分同意這樣的說法。

吳部長對工作目標的指示向來明確，至工作方式則賦予各單位充分自主空間，但對各單位在執行的時效掌握及方案具體可行性之要求，則有著一般首長少見的認眞和追蹤精神，這樣的態度讓同仁養成良好的自我要求及對工作的管控。至題庫工作方面，除賡續強化以往基礎，更屢屢強調試題之命擬應具思考、應用、理解，以提升試題之鑑別功能。並考量現有人力狀況，同意調整方向，適度縮小建置範圍，將重點集中在報考人數衆多、列考次數頻繁及有特殊考量之考試科目上，其他科目允宜臨時命題即可，以期題庫發揮更佳之實益及績效，此對多年來題庫工作沉重負荷之調整十分重要。吳部長有感於資訊發展對國家考試之重要，除指示試務作業應充分利用資訊科技外，更期題庫之發展亦應如是。其中題庫資訊管理系統於部長到任後完成驗收，目前正進行保固期間之平行測試作業，除測試試題建檔系統外，亦於八十九年之第一次司法人員特考、原住民特考等多項考試測試電腦抽題，電腦編排試卷功能，惟本處未能於其任內完成全面電腦化作業系統，誠感可惜。

此外，吳部長也深切了解在現制難以進行預試的情況下，考畢試題分析對檢視試題良窳之重要性。爰於八十八年八月開始委託專家學者研究試題分析，此一事件讓我憶起多年前曾有一大學為進行國科會一項研究護理人員考試信度、效度與考生能力分析之整合型計畫，彼為便於取得相關資料及了解國家考試制度，特邀本人為共同主持人，開會時即有其他單位之學者當場指出這樣的研究應由考選部自行為之才是，聞之頓感尷尬至極，雖目前委外研究之成效尚未可期，惟此舉實奠下考試機關應建立常態試題分析制度之基石。

本部部長依法爲公務人員高普檢定考試及中醫師檢定考試之主任委員，其中中醫師檢定考試使用題庫試題依例須由主任委員負責抽審之，吳部長二年的抽題過程中，他不但力求試題難易適中，在用字遣詞上亦均細細審酌，雖僅少數幾科，也總需耗時數日，讓人對其在工作上一貫的認眞和投入留下極其深刻的印象。而其多次在部務處理上臨危不亂，從容果決地解決問題的圓融與風範更令人敬佩。

至於他對人無分上下的眞誠與恢宏的氣度在同一層次之人物中亦屬不多見。猶記去年部長早上剛辦理完交接，下午隨即召開科長以上同仁座談會，會中爲有關本處人力不足補充說明人事室之看法，出言直率，部長不但未因此有所不悅，反而於事後召見懇予說明並勉勵未來工作當努力之方向，此爲個人初次領會這位首長雅量之宏大。而對同仁的關心，個人之經驗深切感受吳部長所爲實已超乎一位部長所需爲，所以致之，乃因渠有眞心「誠於中」，方能出乎自然地「形於外」。

每個人工作生涯中或因職務不同或因緣深淺與長官有不同層面之接觸，所生體會自有差異。機關首長更替雖係尋常歷史運轉之一章，原或無需特爲感懷，然緣於一些特別的事件讓我有機會充分地感受這一年三個月如沐春風的工作氣氛，道別雖不易，當念徐風雖暫，卻已然留印。

這是一個資訊的時代，古人云：「三日不讀書，便覺面目可憎。」依現代的說法應該是：「三日不上網，便覺孤陋寡聞。」沒想到搞電腦科技的資訊管理處巫義政處長也以他一年多的感受，寫出〈我所認識的吳部長〉，這份心意，的確讓我永難忘懷，因為他是這樣寫出我在任內的點點滴滴：

吳部長在就任本部部長之前是擔任考試院祕書長，當時對他並無深入的認識，僅僅從他高大的身軀、果毅的面容，推斷他應該是一個很嚴肅的人。到任本部之後，隨著與他共事的時間漸長，也逐漸了解到吳部長在他嚴肅的外表下，有著一份修佛人的慈悲，一種學者對於理想的堅持，對於屬下的充分授權與信任，以及緊跟著時代脈動進步的處事態度。吳部長在考選部一年又四個月的時間誠屬短暫，然而，他所具有的首長特質，確實爲考選部帶來了若干新氣象。

曾經多年任教於中興大學公共行政學系的吳部長，對於行政管理有其理論與實務兼具的獨到見解。就任之初即設計部徽，務期本部考選業務能革故鼎新、日新又新，並藉以識別本部同仁，凝聚向心力，鼓舞團隊精神，可謂用意至深。又如對於重要部務，在部長裁示前均讓同仁有充分的意見溝通表達，俟作成裁示，則要求確實遵行，並作嚴格追蹤考核，直至完成爲止。對於進度報告亦嚴格規定不可以模糊字眼帶過，需以具體的工作進度及預定完成日期，明確回報，務期落實執行。另外，對於部屬亦信任有加，既經授權，即放手讓部屬去做，僅在執行上遭遇困難之際，即時予以指示、協助。爲強化本部團隊精神及團體紀律，促進溝通協調，也爲了讓同仁有自我實現的滿足感，亦爲了讓同仁肯定自我的價值，部長曾要求各單位對所屬同仁工作表現應適時激勵，並定期召開司處室工作會報，將改進意見簽報部、次長了解，以利下情上達。期使不論在同仁與同仁間、單位與單位間、長官與部屬間均能建立良好的溝通管道，以維持各層面間良好的互動關係，營造和諧團結之工作氣氛。這些措施均對於機關組織文化及組織氣氛有相當良好的作用。

資訊時代的來臨雖然讓資訊單位在機關中較之過去受到重視，然而一般首長卻很少以實際的行動去推動行政業務資訊化工作，以至於資訊化推動的工作常未能如預期的順利。吳部長不僅於到任之際，在交接典禮致詞中明白宣示『試務科學化，簡化作業流程，強化考試品質』、『行政資訊化，提供優質服務，增進施政效能』，爲其六大施政方針中的兩項，彰顯資訊化的重要性，也以實際的行動，經常自己操控電腦上網查看本部網站內容，隨時促請各單位充實更新網站內容，具體表達對業務資訊化的重視。更經常要求本處舉辦資訊專業訓練，以提升同仁們的資訊專業知能。由於吳部長對於資訊化工作的支持，使本處於資訊工作的推展上，減少了相當大的阻力。

吳部長不僅關心公務的推展，對於部屬同仁亦以自己的子弟般來關心。他關心闈場的生活環境，要求總務司盡可能改善闈場各項設施。也關心同仁每天坐在電腦前面工作是否有受輻射影響健康之虞，而要求本處商請專家檢測。又經常舉辦知性之旅，陶冶同仁人文素養，紓解同仁緊張的身心。對於同仁工作上的表現，也不吝於以口頭或敘獎的方式，多所嘉勉。凡此，皆看在同仁眼裡，也都感念在心中。

在吳部長即將卸任離開本部之際，謹書數語，聊表對他一年半以來的指導感謝之意，也代表本處同仁對他出於至誠的關心照顧，表示萬分感念之忱。

真沒有想到平日業務上接觸並不多的王靖華研究委員，卻也在他的工作體認中，為我寫出如下的感言：

吳部長挽公爲國服務近五十年，無論在何職位，都是全力以赴，待人和藹圓融慷慨豁達，處事積極進取沉著應變；具有「宗教家的虔誠、企業家的衝勁、藝術家的灑脫、科學家的執著。（見《中央日報》民國八十九年元月十五日第二十版，吳部長挽瀾獲興大傑出校友獎時致詞）挽公自民國八十七年二月一日就任考選部部長，秉持「效能」、「服務」、「便民」的理念，在「顧客導向」的前提下，領導各項考選業務之推展與更新，茲將個人所感、簡述於后：

一、注重效率、提高效能：挽公就任部長，一直督促我們「注重時效」，除了考試按時程進行，要求零缺點外，對公文的品質、時效的要求掌握，隨時由祕書室稽催。挽公是一位實事求是的人，茲舉一例來說明，今年是千禧年，爲了因應Y2K危機，本部也成立了專案小組。跨年時，本人擔任八十九年台灣省、福建省基層特考機要組入闈工作，元月一日上午接獲部長電話詢問有關闈場內工作及電腦狀況，本人告以一切都正常請部長放心，若有任何狀況我們會按照資訊處告知的方式排除（部長前後打了三通電話），部長最後說：我在辦公室，有任何狀況隨時聯繫。由此事可感受到，部長挽公是一位劍及履及、注重效率，更要求效能的領導者。

二、公平施政、健全法制：爲了避免不合理的限制，維護應考人權益，修正獸醫人員檢覈規則，使公務人員公職獸醫師考試及格人員，得申請專技獸醫師檢覈免試及格。以往只有公務人員高等考試獸醫師類科及格者，方得申請免試及格，原獸醫人員檢覈辦法，顯失公允。

三、維護考生權益、修正試場規則：挽公心慈但執法嚴謹，他要求我們執行監場工作要「認眞」、「正確」，但不可「苛刻」。例如：試場規則內對於「扣分」之規定似乎欠妥，宜改進。考選規劃司在詢問本部各單位意見後，作成修正案，提報考試院會議討論。

四、照顧同仁身心健康：挽公對工作是求眞求好、主動積極，對同仁身心健康的照顧亦盡心盡力。除了年度的自強活動外，大概每三個月舉辦一次「知性之旅」。就是每次選擇一個地點如故宮博物院或者歷史博物館等，同仁們分三梯次，每梯次利用一個下午，參觀名畫、展覽，藉以舒展緊繃的心情。而八十八年底的海外知性之旅，更是令同仁們念念不忘。部長挽公即將離開我們，蘇軾有首懷舊詩云：「人生到處知何似？應似飛鴻踏雪泥。雪上偶然留爪印，飛鴻那復計東西。」徐志摩詩中又說：「我揮一揮衣袖，未曾帶走一片雲。挽公！我們祝福您。

當我看過總務司蔣美玉副司長所寫的〈給我敬愛的吳部長〉，不禁使我想起當總務司副司長出缺時，為什麼有那麼多人對她肯定，而人評會根據我的調升原則「內升，為人忠誠，操守要好，能力要強，肯負責任」所簽報出來的三位人選，題庫管理處的蔣專門委員排名也是第一，於是我再詢問該處曾處長的意見，得到的答覆依然認為她是理想的人選。最後我圈定了她調升為總務司副司長，然後再約見她，她才在十分意外的情形下接受了此一訊息，據她在文中的敘述：

在部裡工作了十五年，雖然自覺是個十足隨和的人，但因較少參與部內活動又不活躍，眞正認識了解我的人相信並不是很多，充其量直接和我共事過的長官及同仁，或者對我較有了解。長期以來，我一直謹守分際，在自己的工作崗位上，兢兢業業努力以赴，相對地對於部內發生的林林總總諸事，總是在成爲歷史後我才知道，這或許是個性使然吧！如同我從來弄不清楚自己的職級是如何，總要在需用時才去翻閱資料確認。看起來我似乎像是個糊塗蟲，其實不然，我對於任何階段職位的工作，自始至終都懷著初學者的心態和努力，堅持到底，追求完美，雖然資質魯鈍，但求竭盡心力。知足使我心中無意於令多數人夢寐求之的名利、職位、金錢，或是因著無求，或是因著對於工作的執著與堅持，在冥冥中總是得到不可思議的助力，使我成爲部裡少數升遷快速人員之一。姑不論其他同仁了解多少，其實我心中一直很清楚，每一次升遷自己所應負的責任是什麼。以我這麼一個埋首工作默默無聞的人，何其榮幸多次獲得各級長官提攜，我深深感謝與珍惜，同時我也給自己很沉重的負荷，惶恐無法達到該項職務應有的工作要求，我是以這樣的心情接受每一個職務。因此，對我來說每一次升遷幾乎是憂慮多於喜悅！

此次當吳部長召見我告知即將發布升任爲總務司副司長一職時，我相當意外，雖然我一向自覺努力，但從未想望任何升遷機會，這突如其來的任命著實讓我震驚得無從肆應。我深知自己在題庫處的業務仍有很多努力的空間，而當時處裡也正面臨人力缺乏，我向部長提出我的顧慮……，我眞的不希望王前部長特例擢升我爲專門委員的事再度重演，同樣是無私的用人，但殷鑑不遠，使我害怕再給部長帶來任何困擾。又自忖我去年的考績可是乙等？我懷疑自己是否稱職？我愣愣地呆在一旁，隨即聽到部長親切地告訴我題庫的人力即將補齊，接替我的人選也已經選定……，於是我懷著忐忑的心情向部長承諾，雖然對於總務司的工作尚無明確的概念，但會在最短的時間內了解各項業務重點，盡全力襄助司長。如今我雖仍在努力摸索學習，而我們所敬重景仰的部長卻因政權交替懇辭，我們心中眞的好不捨。

在過去一年多裡，雖然和部長接觸的機會並不多，但每一次聆聽部長說話，心中總是震撼不已。猶記得去年二月部長就職典禮提示「法規現代化」、

「制度公平化」、「政策人性化」、「方式彈性化」、「試務科學化」、「行政資訊化」作爲本部未來六大施政方針；其後題庫處簡報「題庫資訊管理系統」，部長即席直指問題所在並提示若干因應之道，使該系統在沉潛之後重獲生機，且得逐步按序推展迄今。最近一次部長參加總務司司務會議更揭示「標準化」、「制度化」、「效率化」、「安全化」作爲總務工作的具體實踐……。部長對於事情了解參透程度遠遠超乎我們所能想像，對於事務處理縝密周全、講求效能更是我們望塵莫及。部長殷殷期勉同仁以「辦考試是在積功德」的理念，取之於考生、用之於考生；積極致力於考選制度、考試方法和技術各項前瞻性改革；以建立公平正義競爭機制，爲國家拔擢知能才識兼備優秀人才，提升國家整體競爭力爲職志。這麼一位處處耳提面命，紆尊降貴隨時不忘耐心提示同仁工作重點，處處細微體察關懷照顧同仁，甚且從未因個人私事麻煩總務司同仁的好部長，我們多麼希望部長不要離開，留下來和大家一起努力，共同實現部長精心擘劃的新世紀國家考試願景！

而今而後，或許我們眞的無緣再追隨部長左右，但請部長放心，我們會謹記部長的教誨，秉持一貫的努力，繼續不斷地積極創新求進步。當此離別之際，依依之情難捨，謹恭祝我們敬愛的吳部長永遠健康、平安、快樂！

儘管高普考司程挽華科長所撰〈感念大家敬愛的吳部長〉乙文字數不多，但文內有些話相信一定是她有感而發，據她說：

我們每一位同仁都感覺到部長平易近人，和藹可親，但是過幾天部長卻要離開我們，我們都感覺依依不捨，部長對我們就像對子女一般的愛護，部長在我們每一個人心中都會留下永恆的記憶。

部長勉勵我們在工作上應秉持「效能」、「服務」、「便民」的基本理念，以「顧客導向」爲原則，如果每一機關都能以爲民服務的精神執行職務，我相信國家社會當能蓬勃發展、安和樂利，今後我們必會秉持部長教誨繼續努力。

部長非常體念同仁們在工作上承受的壓力，經常舉辦知性之旅，尤其在去年年底辦理出國旅遊，一方面舒緩同仁壓力，一方面使同仁出國增廣見聞。此爲突破歷任部長作爲之創舉，部長對我們的照顧與愛護實在是永遠令人感念。

我們在此以最虔誠的心，敬祝部長身體健康，精神愉快！

祕書室黃慶章科長雖然是一位負責盡職的好同事，卻因僧多粥少，久久未能得到升遷的機會。但每當我在部務會議中，看到他們忙著紀錄，以及會後在記者休息室與媒體記者說明會議的相關決議時，只要我們碰面我都會向他們說一聲「辛苦了！」難得他的胸襟開朗，並未因久任一職而心生怨忿，甚至懈怠工作，仍然為我寫了文情並茂的〈一位值得敬佩的政務官〉，描述一些我都快淡忘的往事，諸如：

儘管位卑言輕，經過幾天的考量，我還是決定寫出個人對於吳部長的幾點感想。由於並非身居要職，而且像多數同仁一樣，至少在吳部長任內並未獲得升遷或職務調整的照應，或許可以佐證以下的一些看法都是出自由衷之言。

我原在考選規劃司擔任科長，協助辦理題庫及臨時命題業務，民國八十三年十一月考選部組織法修正公布，隨即進行內部改組，翌年一月我改調祕書室第一科，工作尚稱平順。值得安慰的是，八十五年八月王前部長升任監察院院長後，幾次就我所督導的新聞業務有所稱許，認爲我新聞處理的分際拿捏得還算清楚。

吳部長一年三個多月的任期中，讓我感觸最深，也最值得我揣摩學習的，正是他爲人處事的分際嚴明。在較早之前，民國八十五年九月王前部長轉任監察院長以後，原機要科科長改調其他職務，至八十六年初，考試院及所屬部會每二年輪流一任，於上班以外時間聯繫交誼的黨務工作輪由考選部統籌，但當時兼常委並不清楚此部分應屬機要科長之工作，而指示由我負責幕僚工作。我不便拒絕，遂在因緣際會的情況下接觸黨務工作，至八十八年初才結束。事實上，考選部主管文官考選工作，多年來均奉行文官中立原則，我所認識的歷任部長也都用人唯才，絲毫不曾考量當事人的政治傾向，更何況考試院及所屬部會位處台北市文山區，黨務工作原本就不易推動，卸下這份兼職，多少也有如釋重負的感覺。但到了選舉期間，各種在假日舉行的餐會活動通知仍舊陸續傳來，我們一開始便去請示吳部長，他明確的指示：類此活動必須以同仁自願參加為前提，行政權不宜介入。可見吳部長具有尊重個人政治信仰的深厚民主素養。但他其實是一位極為忠貞的黨員，幾次的假日黨部活動，他都率先參加，而在他高風亮節的行誼影響下，居然有許多非國民黨員都主動參加，看到這種成果，令個人備覺感動。

吳部長上任之初，即勉勵大家要惜緣惜福。記得在八十八年度中央機關員工趣味運動大會時，我參加運動員繞場活動，當隊伍通過司令台時，吳部長從座位上站起來並衝到前面，拚命的向我們揮著手。他與其他首長繞完場後，更特地走到考選部的隊伍前面向大家打氣。這次的運動會，吳部長為每位同仁製作統一的運動服，象徵考選部即將成為有鮮明識別系統的團隊。果然，到了六月間，吳部長就設計完成考選部部徽，並先製作了幾十枚。在部務會議中，除了發給出席人員之外，他很細心的多準備了二份，送給議事工作人員。在吳部長的『人性化領導』之下，可以感受到他對人的細心體貼，以及對每個人的尊重。對於這點，我個人其實非常的佩服。因爲，即使是國外的人事行政學，也都指出：在公務人員保障制度日趨完善的現代文官體制中，管理人員能夠運用的獎懲機制逐漸縮減，甚至所剩無幾，在這種環境中，管理人員特別要重視人性化領導，才能有效推動組織業務。從這個角度來看，吳部長能夠在上任不久就建立強而有力的工作團隊，並在一年三個多月的短短時間內，獲得豐碩的施政績效，可謂其來有自。

吳部長黨政資歷雄厚，如果說他有專對折衝之能、捭闔縱橫之才，似應不爲過，但他也曾勉勵同仁，不要爲升遷或應該擔任那一個職務而煩惱，否則人比人會氣死人。事實上，他自己不管在任何職務，都全心投注心力，樂在工作。正因如此。在吳部長任內，我看到的是一位有爲有守的政務官。先說有守的部分，吳部長自擔任部長一職後，始終忠於職務，認爲參加院會與審查會是部長的權利，也是義務，事實上，在部長任內，除了二次出國請假外，各項會議從未缺席。另一方面，吳部長也頗能展現民主政治政黨輪替的政務官風範，民國八十九年五月九日，吳部長主持最後一次部務會議時，裁示：『雖然我的辭呈迄今尚未蒙批示，但從今天起，凡是屬於政策性之議案，一律暫緩辦理，留待新任部長決定。』自該週起，考選部即不再提報考試院院會重要業務報告。

民國八十八年二月一日吳部長上任後，隨即宣示研修典試法、檢討考試方式等重要政策，接著即由各單位接續向吳部長簡報，我因督導議事工作，看到吳部長主持會議的穩健與作成裁示的明確周妥頗感耳目一新。二月下旬我前往謁見卸任不久的監察院王前院長，承　垂詢近況，我便說吳部長新近宣示幾項政策，似將有所作爲。一年後的今天，吳部長的確交出亮麗的成績單，特別是研議多年的專門職業及技術人員考試法、公務人員升官等考試法，都在八十八年底完成立法程序，爲健全的考試制度奠立良好基礎。

古人謂：「見賢思齊」，但如果以吳部長的爲人處事作標準，要想「思齊」，恐非易事。如立於標竿，則是極佳的學習典範，乃特略記數事，藉申敬佩之意。

雖然蔡科員恆翹只是人事室的一位科員，但他的文采與熱忱，卻是部裡為人樂道的好同事。他擅長寫詩，所以我就用他對我刻畫入微的這首新詩〈部長，我愛您！——歡送吳部長挽瀾先生〉，作為同仁們感念文集的尾篇。

他是一位深受儒家薰陶的知識分子典型
他待人寬厚、處事得體合宜
他是一位書法家
他熱愛國劇
聽說曾經粉墨登場

他高爾夫球技一流
由於來自飽讀詩書的書香門第
琴棋書畫樣樣精通
唯一的缺點
就是酒量差了些
較不符合當前的官場文化
他就是我們的大家長
「望之儼然，即之也溫」
這是他給我們的第一印象
經過一年三個多月的相處
「溫厚、誠懇、親切、週到」
這是他給本部同仁的整體感覺
他思想宏觀、格局遠大

他能與時推移

抓住時代的脈動

去年二月甫上任

他就提出「以顧客爲導向」的基本理念

作爲推動考選行政的施政主軸

一年多來

本部在他帶領之下

可以說達到「政通人和」的境界

他眞的是天時、地利、人和皆處理得恰到好處

堪稱「聖之時也」

他處事明快、要言不煩、講求時效

他對細微小節面面俱倒、禮數週到而得體

他對事情的拿捏有一定的準繩

他重視每一位同仁的專長
也尊重每一位同仁的人格特質
一年三個多月來
本部在他卓越的引領之下
不僅一團和氣
而且同仁在各方面都得到大幅度的成長與提升
他處理事情柔得非常剛
他處世有老子的柔和圓融
有儒家積極入世的使命感
他精誠感人
常以惜緣、積陰德
勗勉同仁奮力從公
他提示同仁不僅要檢討過去，更要擁抱未來

他對同仁的照顧愛護有如嚴父慈母
簡直可以說是無微不至、細密周到
去年本部同仁分梯次海外知性之旅
臨出發前
他召集各梯次同仁講話
再三叮囑同仁在國外務必要注意安全、禮貌、紀律
出發當天
早上四點多鐘
他的電話就打到遊覽車上
交代領隊務必安全第一絕對不能「丟」人
他對事務思考之細膩、對同仁關愛之深
實在出乎我們的想像之外
他這樣細密周延的人格特質想必與他早年在救國團的工作歷練有關

光陰荏苒
政黨輪替
明天
我們最敬愛的部長
將要離開我們
「遠芳侵古道，淒淒滿別情」
離別的愁緒籠罩在初夏荷花盛開時節的每一位同仁心中
我們有很深很深的失落感
回首過去短短一年多的歲月
他對同仁的潛移默化
總覺得他給予我們的太多
而我們回報得太少
在臨別的前夕

我謹代表本部全體同仁

誠摯地獻上這首詩，並說：

「部長，謝謝您！

部長，祝福您！

部長，我愛您！」

看完了全文，再翻閱饒奇明常務次長在〈序〉中所言：

由於考選部的工作，在歷代部長之辛勤規劃之下，已奠定良好的基礎，惟吳部長在考選法制層面上，更有了關鍵性的革新與突破。此書謹將吳部長對本部之卓越貢獻、重要施政績效及理念，及見諸院會重要業務報告及本部部務會議之文件蒐集成冊，有工作的挑戰，亦有國家考試未來的願景，或可提供本部未來施政之借鏡。

吳部長以其長期從事「行政組織與管理」之長才，及一貫積極任事之態度，一方面先凝聚同仁共識，另方面則展現其協調溝通之能力，竟於立法院同一會期之內，得以先後完成了「專門職業及技術人員考試法」及「公務人員升官等考試法」之立法工作。除此之外，對於「典試法」、「公務人員考試法」、「高等考試法官檢察官律師考試條例」等有關法案，亦先後順利通過考試院院會之審查，目前均已提送立法院審議。吳部長之負責進取精神，不言可喻。惟吳部長仍秉持謙沖爲懷之風格，將一切歸功於本部所有同仁智慧與辛勤之成果，透過此紀念文集之呈現，同仁當可體會吳部長之風範。

本紀念文集中匯集本部多位同仁所寫的文章，對於這位溫厚的長者即將卸任，同仁們有許多不捨與感念，從這些同仁的文章，我們可以更貼切了解吳部長的平易近人與不凡特質。另對於考試院蔡副祕書長良文、邱組長華君、李組長惠明及陳組長火生等昔日同仁，值此告別時刻，亦撰文共襄盛舉，熱忱感人，併此敘明。

此書付梓，時程匆促，無法一一詳載吳部長對本部卓越之貢獻；而同仁之熱情回應文章，亦無法完全收錄，實有遺憾，謹希望吳部長能略感受本部同仁對其之愛戴與祝福。相信本部業務在吳部長過去的長程擘劃之下，已有堅實的基礎，未來在全體同仁努力下必能更加蒸蒸日上。

民國一〇〇年元月一日我被馬英九總統聘為總統府國策顧問迄今。

以上的一席話，不僅使我回憶這三年多在考試院及考選部的日子沒有白過，也由於同仁們盡心盡力的協助，許院長與關副院長及考試委員們的支持與指教，才使我俯仰無愧，對得起長官們對我的期許。因此在五月二十日交接典禮中，許院長頒發給我一等功績獎章。稍後，韓國著名的南部大學（Nambu University）亦因我數十年的功在國家，以及為促進中韓兩國青年及學術交流的貢獻卓著，特經該校學位審議委員會議通過，授予我教育學名譽博士學位。凡此榮譽，乃使我在政治生涯中，畫下完美的句點。

事隔多年，重新閱讀《挑戰與願景——吳部長挽瀾施政理念與績效》，字裡行間，不僅充滿著令人懷念的袍澤情深，也使我領悟北宋文壇巨擘蘇東坡水調歌詞中那幾句話的意涵：

人有悲歡離合，月有陰晴圓缺，此事古難全。但願人長久，千里共嬋娟。

1

2

1基於我數十年對國家之貢獻，尤以促進中韓青年及學術之交流，功不可沒，因此韓國南部大學授予我教育學名譽博士學位。2牆壁鏡框內均為政府機關、中國國民黨、國際性社團所頒授之勛獎章及中興大學與臺北大學授予之傑出校友獎牌。

Part 7

天生一對佳偶

民國四十五年九月九日，有情人終成眷屬。

良緣天注定

每年的九九重陽佳節，永遠是個令我難忘的日子，因為就在民國四十五年的那一天，我與岫妻步上了台中市新生廳的紅地毯。

五十七個年頭了，回想當年我為何會在芸芸眾生中非她莫屬，為什麼在好幾位紅粉佳人中，有一位甚至在雙方家長指定下，幾乎即將訂婚，結果卻未能修成姻緣的正果，反而與岫妻僅見過幾次面，便萌生好感，亦覺得投緣，甚至相識不到半年，便兩情相悅，決定攜手共度此生。而且在超過半個世紀的婚姻生活中，從未因柴米油鹽醬醋茶的現實生活產生爭端，也未因婚後的聚少離多而使感情走了樣，難道這就是所謂「千年修得共枕眠」的良緣天注定？

其實我與岫妻的相識、相知與相愛，真的是偶然中的必然。當年我家住在台中市精武路，她則居住於南投草屯，當時我尚在台北中興大學法商學院念大四，她則已從台中師範畢業任教於草屯國小。由於她姊姊住在我家的隔壁，她每到台中，總會在姊姊家歇歇腳或吃餐飯，基於母親與她姊姊平日相處愉快，因而時相往來的結果，自然也就見過她那位任教於草屯國小的妹妹。由於她妹妹的嫻雅端莊，給母親留下極佳的印象，於是在她姊姊的刻意安排下，我與她有了第一次的見面。

在彼此目光的初次交會中，我凝視著她那份少女的矜持，就在彼此一句「你好」之後，真箇是無聲勝有聲。還是我在沉悶的空氣中打開話匣：「常來台中嗎？」「從草屯到台中班車要開多少時間？」「你每週要上幾個小時的課？」

對我一連串的問題，她一直微笑的端詳著我，就在我還要再問下去的時候，她不但沒有正面回答我，反而問我：「你是不是每個禮拜都回家？」「你從台北來台中是坐火車還是搭公路局的班車？」「你念什麼系？」

難道這也是另類的針鋒相對？於是，我們都改變了話題，從中部令人喜愛的陽光談到北部惹人厭煩的陰霾，從她的性格談到人生的願景；從對音樂的喜好，談到日常的生活；從我為什麼要念行政，談到她為何要讀教育……。就這樣漫無主題的閒聊，卻也無形中增進了彼此之間的了解。在相互同意下週再見時，我們結束了首次的談話。

次週的週末，我們再度相會於她姊姊家的客廳。在彼此都願意從室內走向室外時，我們走向離家不遠的台中公園。

週末的午後，和風習習，我們在湖中的五角亭內一直聊到晚霞滿天，才在公園附近一家北方小館用餐。餐後我送她到車站，當前往草屯的班車啟動後，真不知何故，我當時的心神，竟像她所搭的班車，也飛馳在台中赴草屯的路上。

天賜的良緣在台中公園。

第三個週末，我們依約相會在台中市頗負盛名的「藍夜咖啡館」，當時我們與其說是陶醉在「藍夜」的燈光與悠揚的音樂聲中，不如說我們是沉浸在彼此對若干事物的認知與認同上。

好像是在二個多月後的週末黃昏，我們被她同學任職於空軍的先生邀約到新生廳參加舞會，在婆娑起舞的旋律中，我看到她那淡淡的笑靨，也感覺到她心跳的加速，當她的同窗好友張素琴與我共舞時，特別對我說：「岳（她同學對她的簡稱）對你印象很好，你可不能欺負她啊！」「只要她不欺負我就謝天謝地了」。日後真是上天可作見證，這一生我們在感情的曲譜中，縱然也偶有高音和低音的出現，卻從未有過變調的音符。

舞會結束後，已無班車返回草屯，張素琴便邀她住在張家。翌日，整整一天，我們不但在台中公園消磨了大半天的時光，也接連看了兩場電影。用過晚餐，我送她坐上開往草屯的班車後，腦海裡突然湧起南宋辛棄疾〈青玉案〉詞中的「眾裡尋她千百度，驀然回首，那人卻在燈火闌珊處」，莫非冥冥中我已踏上愛情之路？

大學似乎較國小要提前一些日子放暑假，某日午後，當草屯國小放學的鈴聲尚未響起，我卻出現在她教室的窗前，她那種看到我而愕然的神情，至今仍令我記憶猶新。放學的鈴聲響後，我們刻意一前一後快步走過教室前的長廊，不料仍被她的同事看出並指著我說：「你們來看，那位就是岳老師的男朋友。」本來我是大大方方的走進學校，聽到這麼一叫，我倆都不勝靦腆地加快腳步走出校門。

「到哪兒去？」她問我。

「草屯我又不熟，隨你。」正當我幫助她推著自行車時，她望著遠方阡陌縱橫的盡頭說：「前面的景緻很好。」

戀人的身影映在草屯國小前的楊柳溪畔。

於是，我們走向遠處楊柳低垂的小溪畔坐下。

「你看，溪中的那片雲好美。」我說。

「你知道我名字的涵意嗎？」

她沒有回答我，反而這樣的問我。

我說：「你姓岳，叫晉岫，意思就是指你是山峰上的那朵雲。」

不等她的回答，我也問她：「你知道我名字的意義嗎？」

「當然知道，挽狂瀾於既倒，對不？」就在彼此的會心微笑中，她換了個話題問我：「聽說你有很多女朋友？」

我凝視著她意欲等著答案的目光，經過片刻心靈的悸動，我坦然的回答：「是的，目前有來往的，一位是兒時的玩伴，一位是在校的同學，二位則是父執輩的女兒，其中一位雖然雙方的父親都希望能盡快訂婚，但我可以很誠懇的告訴你，朋友歸朋友，既然是有緣無分，當然也就從未迸出愛的火花。」

「那我們的緣分呢？」真沒想到她會有這麼一句問話。

「如果有一天我要娶你，你願意嗎？」我也直接的問她。

「如果我們真有這個緣分，我會願意的。」

聽到她這樣的回答，我便說：「那就讓我們都把『如果』兩個字去掉吧！」

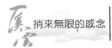

結束了這段真誠的對話，我們相依相偎在溪畔直到薄暮時分，才到她家用晚餐。

可能她父母親已從她姊姊口中知道了我們的交往，雖然是家常便飯，但二位老人家所表現視同一家人般的親切，卻使我受寵若驚。

當暑假快結束的時候，就在兩家共同的友人高瀛山先生的牽線下，雙方家長高高興興的在一次餐宴中，同意了吳岳二府締結秦晉之好。由於當時父親仍是駐在台中公園旁干城營房的陸軍第一軍副軍長，而她父親也是現任的國大代表，因此，親友僚屬眾多，實不宜在一般餐廳舉行婚禮。二老問我們的意見，我們都屬意「一舞定情」的新生廳，於是就在九月九日重陽節的那一天，雙方家長為我們在台中市公園路空軍新生廳，隆重舉行了結婚典禮。

婚後第三天，我們便到風光綺麗的日月潭歡度蜜月。

在兩天一夜的甜蜜日子裡，我們真正體會出什麼叫作繾綣纏綿。

白天，我們泛著小舟，盪漾在波光粼粼的潭面。迎著清風，看著遠山頂的雲無心而出岫，而岫妻風姿綽約的倩影，確實吸引了一些遊客的眼光。晚上，我們坐在臥房前的走廊，望著星光閃爍，凝視一彎新月，輕哼著〈鳳凰于飛〉，此情此景，才讓人知道什麼叫「幸福」。

在回程的路上，岫妻在我耳邊輕輕說道：「我們的姻緣應該是天注定的吧。」

「今生今世就讓我們好好珍惜天賜給我們的良緣，」聽畢我這樣的回答，她拉起我的手，像小孩一樣勾起我的手指並說：「嫁你，我永遠無悔無怨。」

婚後第三日到日月潭歡度蜜月，岫妻的丰姿綽約、嫻淑與良善，長存我心。

我被她這句話感動得眼眶紅紅的，我也接著她的話說：「娶你，我也永遠無怨無悔。」

這就是我們婚後的「潭」誓山盟。也憑著這個誓盟，我們將度過五十七個無怨無悔的溽暑與寒冬。

新時代的新好男人

婚後的歲月，很多同學及友人都用懷疑的眼光看待我們的婚姻，擔心我們會因生活習慣的不同、彼此性格的差異，而相愛容易，相處難。日後的事實證明，我們

家居生活的婦唱夫隨，鶼鰈情深。

都沒有忘記當年的「潭誓山盟」。我們都是在彼此的容忍與接納下，以真誠與善意的相互對待，進而體認佛家所說「境由心生，心隨境轉」，調適環境，改善心境，進而讓彼此以疼惜替代各自的堅持。乃致我們數十年來，並沒有因一些觀念上的差異，而產生情感上的鴻溝；因一些意見的相左，而形成姻緣路上的障礙，終於使我們在情感的積分表上從未減分，也使自己都成為新時代裡的新好男（女）人。

多年來，有很長的時間我都在海外及外縣市服務，與家庭之間總是聚少離多，難得岫妻不但從無怨言的勤儉持家，更把孩子一個一個教養長大，除了老大因自幼體弱多病只念到文化大學畢業之外，其他三個都在大學畢業後，相繼出國深造，甚至成家立業養兒育女。因此，即使我盡量做到「行必有蹤」，但每當我想起她為家庭及孩子們所付出的辛勞，以及給予我的種種寬容，讓我從未有過後顧之憂，以致每逢九九重陽節的來臨，只要我人在台北，都必定為她排除一切公私應酬，讓我們在燭光、淡酒、音樂聲中，重溫舊夢，歡度我們的結婚紀念日，藉以表達我對她的虧欠。

誠如女兒們也在為人母之後，看出我與她們的母親數十年如一日，始終能夠鶼鰈情深從未變質，正是因為我們彼此之間只有信任沒有猜疑，只有感恩沒有記恨，只有欣賞沒有抱怨，只有讚美沒有挑剔。不像新時代裡的一些青年男女，往往在感情的世界裡，由於己意的堅持、個性的執拗或情緒的失調等，使得彼此之間只要開始從「你儂我儂」變為「嫌東嫌西」，從「卿卿我我」轉為「嘮嘮叨叨」；便會從初期的相敬如「賓」，演變為冷戰期的相敬如「冰」，再經過猜忌的昇華，便可能進入到熱戰期的相敬如「兵」。這些情景，正是新時代熱戀中青年男女最易變調的情感奏鳴曲。

記得有一年的九九重陽，我老早就選好餐廳要為屬於我倆的日子慶賀一番。不料二女兒即將臨盆，來電催請母親赴美照料。基於要在美國僱請保母十分不易，加以母女情深，乃匆匆赴美，我只好在九九前夕，電知女兒為我準備一束鮮花，表達我的心意。直到現在，雖然岫妻六年前便已患上阿茲海默症，由於這是一種漸進式腦部神經細胞喪失功能的病症，包括認知、行為與精神狀態三方面的逐漸退化，進而影響日常生活。但我總沒有忘記她的生日與結婚紀念日，即使她早已無法口進食物，我仍會把蛋糕放到她嘴邊讓她聞一聞。有時，她會對我臉露笑容，有時卻默默無語，不管如何，眼前的她就算模樣已不一樣，但在我心中，她依然是那麼的嫻淑、溫柔與善良，只是她勞累了一生，現在需要休息，需要我給她更多的呵護與照料！

香岫：
欣逢九九佳節
祝你
青春永在
笑臉常開
挽瀾
六十九年
九月九日

我倆的結婚紀念日，也是我非常重視的日子。

往事如煙情難忘

象山近我家，幽徑數落花；晨聽雞報曉，黃昏看彩霞；倚窗觀遠岫，翠峰皆入畫；領略雲山趣，何必羨榮華。

自從民國八十九年五月，我國首次政黨輪替，交卸了一切公職之後，我總算找回屬於自己的日子，過著雲淡風輕的家居生活。

難得夏雨初晴，我踽踽獨步在灑滿落霞餘暉的林間小道，迎著清風，望了望身後的背影，依稀看出自己人生的歷程，是如何一步一腳印，從流離顛沛的眷村子弟到官居特任的考選部部長。數十年來，如果沒有友情的支持與協助，如果沒有親情的關愛與鼓勵，我可能就沒有各種事業上的成就。因此，往事雖如煙，但那些濃濃厚厚的友情與親情，將永遠迴旋在我的心靈深處，也使我時時惜緣惜福。尤其當我回想起在公職生涯中，同仁們為工作而辛勤的付出時，此刻我只有默默地祝福他們平安、喜樂與健康。日前的某個中午，我和一位二十多年未曾見過的老同事晤面，談起當年她為工作而不辭辛勞的結果，累壞了身體，不得不提前退休隨夫隱居在舊金山灣區療養，以致兩個多小時的聚談，我們都環繞著一個主題，那就是如何注意養生與保健。最後，因她要搭晚上的華航班機返美，乃在彼此相互祝福聲中匆匆握別。

晚餐後，沐浴畢，因為尋找舊書，偶然看到李清照的詞選，想起去年一年中，有好幾位老同事、好朋友，病的病，老的老，走的走，真是令人不勝感嘆。而當我讀到李清照在她淒涼的晚景中所寫的作品，無一不是感人至深，例如她的〈武陵春〉：

風住塵香花已盡，
日晚倦梳頭，

物是人非事事休，
欲語淚先流！
聞聽雙溪春尚好，
也擬泛輕舟！
只恐雙溪舴艋舟，
載不動許多愁！

詞中的情景，何嘗又不是我當前心情的寫照？因為六年多以來，眼看著岫妻身體一天不如一天，內心的難過，實是難以言宣。說實在的，這些年來，我隨身攜帶的記事簿，無一日不記載她的病歷及用藥，只要我碰到神經內科的醫師朋友或從美國出席醫學研討會返國的醫師友人，我都不忘請教他們有無治療阿茲海默症的新藥，只要探聽到對她病情有幫助的藥物或營養品，我都會毫不考慮健保給不給付的問題。

想到岫妻早年既要操勞家務，又要冒著溽暑或寒風乘坐公車奔波於住家與學校之間，尤其為了張羅女兒們出國深造的費用，不僅省吃儉用，從來都捨不得坐計程車，甚至在同事之間標會。每當子夜夢迴，想到她種種無怨無悔的付出，總是久久難以成眠。同時，為了怕外勞的疏忽，我每晚必定在她們都熟睡後，一方面為岫妻禱告，一方面看看她的被子蓋好沒有，是厚，是薄？甚至有時可能她因內急而哼哈喊叫，外勞又睡熟未能起身時，我便要叫醒外勞，以致這幾年來我總要到深夜一、二時之後才能入睡。即使如此，我也心甘情願，因為迄今對於她為家庭、為父母、為女兒們所作的犧牲與奉獻，使我在內心始終都藏有一份難以回報的歉疚。

還有一件事說來連女兒們都難以相信，幾十年來她身上除了戴過一串養珠外，從來沒有戴過任何值錢的鑽石珠寶。有一年我因公務路過南非開普頓，聽說那裡盛產鑽石，我為了結婚紀念日，特別為她買了一只六十分重的小鑽戒，返國途中，經過新加坡，亦將身上僅有的數百美元為她買了只紅寶石戒指。

沒想到返家之後，不但沒有得到稱讚，反而受到她的埋怨，怪我亂花錢。這大概是她從小養成的節儉習慣，影響所及，我現在除非要趕時間，多半還是乘坐捷運、公車等大眾運輸工具。畢竟回首來時路，我亦曾享受過榮華。《菜根譚》

從青春到白頭從溽暑到寒冬，縱然地老天荒，「潭誓山盟」永不改變。

有段話說得好：「兩個空拳握古今，握住了，還當放手；一條竹杖挑風月，挑到了，也要息肩。」既然如此，榮華富貴到頭來還不是過眼煙雲？故人世間只有真情才最可貴，才能令人懷念久遠。

又見一溪雲

初春三月，是一個豔陽天的週末，我應十幾位中興大學校友之邀，同去坪林作踏青半日遊。

好久沒有離開過喧囂的台北市，當車行北宜公路，車窗外旖旎的風光，真是令人心曠神怡。

在距離坪林不遠處的溪畔一片空地，看到這些至少都已年逾半百的老人與夫人們，居然袖子一捲，從車上搬下烤肉用具和食物飲料等，動作的敏捷，以及架灶生火技術之熟練，不禁使我想起早年我在陽明山帶領大專青年舉辦週末露營的情景，如今，歲月催人老，轉眼之間，自己已由青春年少進入兩鬢霜白的 LKK 了。

「遠山雲散舒望眼，晴光盡入坪林鄉」，沒想到這一夥平日道貌岸然的學者、老闆或政府機關的首長們，卻在群山環抱的荒郊野外，野性大發，又吼又叫，又唱又跳。可能是辦公室坐久了，或者是工作、生活的壓力太大，使他們似乎每天都繃緊神經過日子，以致看到這「溪橫水遠，天闊雲高」的香格里拉，豈能不放鬆自己？就在大家的鼓譟下，居然我也還老返童，為他們放聲高歌〈風從哪裡來〉。就在清風徐來，烤熟後的魚肉飄香中，我們每個人都大快朵頤，吃得不亦樂乎，甚至有幾位夫人們還想捲起褲管，要到溪邊撈幾隻「溪哥」現烤現吃。

正當大家為了環保而收拾殘局時，天際的斜陽餘暉已漸漸黯淡，於是，每個人也就在暮色蒼茫中，帶著難得浮生半日閒的愉悅心情踏上歸途。

可能是玩累了，吃飽了，好多位都在車中打盹，只有中強學弟，坐在我旁邊問我：「老學長對這次踏青活動玩得還盡興吧？」

「太好了！」

「您一生經過那麼多的歷練，又在大學研究所教管理，能否給我一些指點？」他認真的問著我。

「你事業做得那麼有成就，我豈敢指點！不過，你想知道什麼？」

他回答我說：「為什麼有些人為了超越別人，不惜忘本負義，為了嫉妒別人，不惜綿裡藏針？甚至一旦志得意滿，便趾高氣揚。對於這樣的人要怎麼應付？」

「對於這樣的人，依我的經驗，既然道不同不相為謀，只有『保持距離，以策安全』，才會見怪不怪。」我如此簡單的回答他。

接著，他又問我：「人要怎樣才能活得愉快？活出健康？」

「放掉妄念，放下我執。因為『妄念』易使人自我膨脹，進而產生各種煩惱。『我執』會讓人迷惘，便無法萬般自在。同時，在人生的旅程中，總會有順境也會有逆境，處順境時，要能懂得珍惜，因為美好的日子會過去；處逆境時，要能懂得放下，因為痛苦的日子也會過去。能夠想通這一點，便能活出身心的健康。」

他領首接受我的看法，並問：「我能否最後再請教您一個問題？」

「請說。」

「人要如何才能放掉妄念、放下我執？」

喝了一口礦泉水，我說：「人的一切妄念，可說都是源自於『名』與『利』兩個字。事實上，任何人生活上的所需與所缺都極其有限，也容易滿足。前些日子，我到醫院探慰一位已順利做完心臟繞道手術的朋友，據他告訴我，當他躺在手術台上時，頓時想到一個人真是『來也空空，去也空空』，而全身麻醉的藥效一開始，有什麼好爭的？有什麼好計較？有什麼好羨慕？事實上，該你的，少不掉；不該你的，即使得到了，又將如何？清乾隆的寵臣和珅家產富可敵國，結果還不是白綾一條，了此殘生？而當今多少名人往生後，為後世子孫留下的億萬錢財，到底是福是禍，我們不是都看得很清楚嗎？因此，我們為什麼不去好好活在當下，淨化心靈，放掉妄念呢？至於放下我執，禪宗六祖惠能說過一首偈語『菩提本無樹，明鏡亦非台，本來無一物，何處惹塵埃』，但願這首偈語能夠對你有所開悟。」

聽完我的講話，他說：「聽您一席話，的確是勝讀十年書。我會好好領悟您所說的每一句話。謝謝！」

萬家燈火時，我們又回到了熙來攘往的台北市。猛然間，那閃爍的街燈，竟使我想起了當年在台中市車站目送岫妻搭車回草屯的情景。尤其是草屯國小前的溪邊細語，下午的踏青之行，更是撩起了我深深的回憶，那濛濛的遠山、那潺潺的溪水，真箇是：

峰高看遠岫，
又見一溪雲，

情深天不老，
風靜伴綠筠。

Part 8

論述拾遺

留下歷史的見證

我曾兩度服務於省黨部，初則於民國六十七年至七十年追隨潘公振球先生及宋公時選先生擔任書記長，繼之於民國八十四年五月奉命接任省黨部主任委員，迄八十五年六月調任行政院青年輔導委員會主任委員，任期雖不長，卻歷經立法委員、國大代表、總統、副總統三大選戰，固然政黨輪替是民主政治之常態，但撫今思昔，仍然令人感觸良深。

記得八十四年五月十五日我剛到省黨部就職，當時的中國時報曾以「國民黨基層質疲馬困，就待力挽狂瀾」大篇幅報導相期許。事實上，本黨那時政權優勢所面臨的挑戰，已隨政治形勢的變化日趨嚴酷，而基層組織能不能因應民主的考驗、掌握民心的趨向、改善內外在環境的壓縮，在在都影響著黨務工作的開展。因此，我受命之初，明知省黨部主任委員難為，尤其是內要面對幹部士氣的提振，外要承受年底立法委員選舉，突破少數人高喊三黨不過半的心戰壓力，加以翌年初國大代表與總統、副總統的大選，更是關係到本黨的執政、民眾的福祉與國家的前途，以致當中央常會通過此項任命，面對媒體記者的詢問時，只淡淡的以「沒有調任新職的喜悅，只有責任加重的惶恐」來形容自己接獲新職的心情。

為了凝聚共識，激發鬥志，我到職以後，隨即提出「團結、和諧、積極、進步」的工作指標，確立「群眾的、服務的、務實的」工作路線，把握「激勵士氣、借重義工、關心社區、爭取民心」的工作要求，並以「組織工作要確實、服務工作要落實、文宣工作要精實」為工作要領。進而從北到南，從西到東，從鄉村到市鎮，從海濱到深山，率同省縣區級同志，與時間賽跑，深入基層，找回流失的選票。我深知，基層黨務工作，唯有腳踏實地、一步一腳印地有所為，有所不為，才能健全黨的體質，散發堅強的戰鬥力量。而要找回選票，我認為必須先從找回黨員的心做起，黨員對黨究竟有哪些不滿？對黨的服務工作有哪些期待？凡此各級黨部都應虛心細心檢討。除了關心黨員，亦應關心地方的人和事，照護婦女的權益，了解「新新人類」的心態。唯有如此落實服務工作，才能找回黨員的心與民心，選票也就自然會回流，在政黨競爭的時代裡，也才能負起承先啟後的重責大任。

半年多的群策群力，加上基層組織經過專員的納編，婦工人員的通過甄選任用，縣市黨部執行長的晉升甲等職等激勵措施的鼓舞，及透過對社區的服務、對黨員的關心、對黨政關係的改進、對各種各級黨部與各種社團動員管道暢通，甚至擴大借重義務幹部的力量等具體作為，省黨部內外的不利環境總算有所改善，最後終於在全黨上下共同努力、基層幹部全力打拚之下，贏得了立法委員及國大代表的選戰，而本黨提名的李登輝先生和連戰先生，在其他三組候選人激烈的競爭中，更於台灣省獲得百分之五十六點七六的選民支持，在全國則以百分之五十四的得票率，高票當選中華民國首次的民選總統、副總統，實踐了國父三民主義「主權在民」的理想，這對我國民主憲政的發展，實是樹立一個嶄新的里程碑。同時，在總統、副總統大選的過程中，雖然面對中共的軍事演習，各級幹部同志率先以鎮靜、理性的態度，堅持推展民主政治的理念，影響所及，全國同胞不為勢屈，不為武嚇，乃使整個選務工作能夠順利進行。此種理智成熟的表現，不僅使中華民國在世界上的能見度提高，亦獲得國際間普遍的肯定與支持。

四年後的今天，本黨面對總統大選的挫敗，厲行改造，決定將省黨部予以裁併，感念以往無數同志的血汗智慧和無數幹部的辛勤努力所寫下的光輝史蹟，我何其有幸，能夠兩度奉獻心力於省黨部，如今景物依舊，人事已非，睹此情景，除了深感台灣省黨部六十年來曾為台灣地區的政治發展，以及地方自治的推動留下歷史的見證之外，只能說「那美好的仗我已打過」！

——錄自《中國國民黨台灣省黨部一甲子年史》民國八十九年十二月初版第158頁拙作，原題名為〈那美好的仗我已打過〉

活出健康快樂的人生

記得很久以前，我曾在一位先進的辦公室看到一副對聯：「欲除煩惱先忘我，各有因緣莫羨人。」事實上，自古到今，多少人自命不凡，多少人懷才不遇，多少人平步青雲，多少人大起大落，不論他的結局如何，至少可以說明，在每個人的生涯發展過程中，都會有他的理想，也都會有其必須面對的現實；理想能夠實現，他就會具有成功的喜悅，理想不能實現，他就會因希望變成失望，而不得不承受現實的煎熬，以及種種挫折的感傷，甚至找不到人生的價值，看不到未來的遠景。此種自我貶值的結果，就會導致其意志的消沉，心情的消極，以及心理上的種種障礙。其實一個人不論是自傲、自負也好，自謙、自卑也罷，根據心理學家的研究，皆可說是「自我意識」的強弱表現在作祟。一個人在工作或生活中，都希望工作有表現，生活能舒適，也能得到別人的肯定與正面的評價。然而，人世間的事往往是希望愈大，失望亦大，以致達摩祖師曾說：「有求皆苦，無求乃樂。」同時，一個人如果過於看重「自我」，便會時常擔心別人的看法，懷疑別人的想法，在意別人的說法。而且，一個人若無法從執著與偏見中解脫時，現實生活即使滿足，在心靈與精神上卻仍會常常感到空虛與苦悶。既怕失去所擁有的，又恐別人超越自己。當心靈與精神生活的空間被這些障礙占有時，自然也就難以找到樂活的人生。

在人生的旅途中，確實是有無數的交叉路口，一個人對自己的人生如能有健康的想法，擺脫我執，認清事實，就不致走錯方向，並能領悟「山窮水盡疑無路，柳暗花明又一村」的真義，而不再長吁短嘆「自古人生長恨水長東」。「阿扁上台日，是我退休時」，我即是從那時開始接觸禪學，也認識了朱老師，才逐漸開悟人生的榮枯有數，得失難量。亦使我體悟「退休」何嘗不是禪者所說的「放下」。放下名利，捨去對比，看淡得失，揮別計較。能夠這樣，當然就會愉快地活在當下的現實生活裡。因此，當我笑傲於山水之間，享受著雲淡風清的瀟灑日子，尤其是每晚做完功課，依照朱老師的開示，修正自己深層內在的心性與習性，調整自己固執的意識與觀念，便能心安神寧，提升靈性。加以經常幾本好書，一壺清茶，三五知己，談經論道，真是天天是好日，日日都做自己喜歡做的事，這豈不就是「柳暗花明又一村」？人生如此，夫復何求？難怪當我坐捷運、乘公車，遇見舊部、舊識時，從未眷戀往日的光環，而有今不如昔之感觸。

去年初春，華憶（深圳）電子公司邀請我去專題演講，在赴深圳的前夕，公司的劉祕書來電話問我，當天下午一到深圳，就安排演講，時間是否太急促？身體是否太勞累？我回答她僅僅四個字：「準時開講」。因為就人的心理反應而言，若工作是來自心甘情願，是來自做自己喜歡做的事，腦子裡就不會存在著勞累不勞累的問題。禪宗公案：「唐朝臨濟禪師有一天在田裡用鋤頭耕地，忽然看到他的師父黃蘗禪師迎面走來，並問他：「你累嗎？」臨濟禪師回答說：「我連鋤頭都未動過，怎麼會累呢？」黃蘗禪師聽後頻頻點頭。」臨濟禪師明明是在鋤地，怎麼會說連鋤頭都未動過呢？其實他不是在欺騙師父，而是因為他心中根本就沒有鋤頭和工作的負擔，所以，黃蘗禪師頻頻點頭，表示知道他已開悟。由此可見，一個人如能在現實生活中，調整心境，便能展現六祖慧能所云：「菩提本無樹，明鏡亦非台；本來無一物，何處惹塵埃」的清淨心智，而不去嚮往或追逐更多的欲念，以便讓自己享有寧靜的心靈生活。

然而，事實上卻有一些人，肯定是無法享有寧靜的心靈生活，像喜歡與人比較的人，或是不知滿足的人。既然每個人的機緣、福報與際遇不盡相同，為何要去與人比高低、比多寡、比大小呢？我國有句俗話說的好：「人比人，氣死人。」與其比較的結果不管是羨慕或忌妒，是得意或怨憤，都不如珍惜自己當下所擁有的，好好自省「比上不足，比下有餘」的道理，並記住朱老師經常提醒我們的：「不管是順境或逆境，我們到底學到了什麼？做到了什麼？做完後能留下些什麼？」我們如果能想通這些問題，就不會為比來比去，或不斷追逐名利而擾亂自己現實生活的平靜。一個人若是真正能夠對這些了無牽掛，心境自然也就會豁然開朗，過著喜樂自在的生活。凡是一個不能心平氣和面對現實，以及踏實活在當下的人，又如何會有美好的明天呢？

宋朝蘇東坡曾寫過一首頗富禪意的詩偈：「橫看成嶺側成峰，遠近高低各不同，不識廬山真面目，只緣身在此山中。」這首詩的真正涵義，就是希望人不要總是那山看得比這山高，否則，喜歡與人比來比去的結果，自己的心靈必然得不到安寧。台灣有許多知名的老一輩企業家，他們不但學歷都不高，出身有的甚至是從學徒做起，就憑著他們「憂患勵鬥志，風雨生信心」的苦幹實幹精神，既不與人去做無謂的對比，也不與人去做無益的爭長論短。只知今日的我是否已比昨日的我有進步，只知一步一腳印的去努力奮鬥，即使遭受挫折，也絕不心灰意冷，致而他們能在逆境中戰勝逆境，開拓了自己宏偉的事業版圖。我曾親耳聽過聲寶公司的創辦人陳茂榜先生說過：「我僅是一個小學畢業的人，現在，成功大學卻邀請我去演講，這是因為我每天都在看書，每時每刻都在吸收新知識，充實自己，所以，我天天都在進步，天天都在享受人生。」這個事例，正是健康快樂人生的最佳範本。

至於私欲和需求過多而不知滿足的人，煩惱的事情自然就會隨之增多，這便是有些人容易產生心理困擾和生活失調的主要原因，也使這些人終日難以活得喜樂自在。俗話說：「知足常樂。」當我們走進醫院，看到各種各樣的病患，有的大聲呼嚎，有的痛苦呻吟，有的不良於行，有的奄奄一息，此情此景，對照自己的現況，哪還有甚麼不能滿足的呢？

不過，在我們傳統的觀念裡，每個人從小就被要求要考第一名，要考進好的學校，要出人頭地，要光宗耀祖。因此，在現實生活中，我們要想減少挫折，減少煩惱，就要對「平安就是福」這句話，具有正確的認知。進而導正觀念，打開心靈的窄門。所謂快樂的生活，簡言之，就是凡事都能從正面思考，否則，天天都讓貪婪、私欲、偏見去腐蝕自己的心靈，像這樣的人，能活得愉快、自在嗎？尤其是不斷追求名利，不斷關心有無，甚至自以為是的人，往往就是失落感最大的人。

細數我自己漫長的人生奮鬥歷程，從流離顛沛的軍人子弟，到官居特任的考選部部長，雖然回首來時路，也有風雨也有晴，但一路走來，總是惜緣惜福，在順境中處之以淡，在逆境中處之以忍，乃能跨過坎坷的歲月，清除心靈的陰霾，終於守得雲開見月明。

最後，我願引用宋朝無盡尼所寫的一首禪詩，來和各位讀者結緣共勉：「盡日尋春不見春，芒鞋踏破嶺頭雲，歸來偶過梅樹下，春在枝頭已十分。」這首禪詩，其實就是要大家，身在福中要知福。因為大家每天所要尋找的春天，老早便已在你家的梅花樹上了。以致對於生活在物欲橫流，價值觀混淆的現代社會中的人而言，唯有經常淨化自己的心靈，不怨天尤人；純化自己的欲念，不胡思亂想；美化自己的生活，不虛妄造作；便能活得愉快，活得自在，進而活出自己健康快樂的人生。

對「真」字的開悟

道家強調：「返璞歸真。」

儒家亦云：「言不真，行不果。」

德國大詩人海涅（Heinrich Heire, 1797～1856）曾謂：「生命不可能從謊言中開出燦爛的花朵。」

「中華身心靈促健會」朱慧慈老師說過：「做人處事，於己於人都要求真，不真，則不見真我真相。」

其實，從人性的觀點，每個人都會在日常生活中，為自己塑造一個「自我的塑像」（self-image），並依照這個塑像去自行其是，去追求滿足。以致每個人都時常會有自誇、自負、自滿、自恃、自傲、自私的行為表徵，失掉真我而不自覺。故人欲保持真我的存在，就必須擺脫虛妄、貪念與牽掛，才能面對真相，促進個人心智正常的成長，免除無明煩惱的侵擾。難怪孔子要說：「視其所以，觀其所由，察其所安，人焉瘦哉，人焉瘦哉。」

心理學家莫利爾（R. W. Morell）曾云：「人是心理的動物，其情緒、價值、思維和抉擇莫不被環境、教育和經驗所左右。」乃致人在任何環境中，不論是公務部門或企業單位，往往對事務的觀點不盡相同，對利害的反應也不一致，其心理的變化，情緒的高低，都會刺激其行為，形成許多非常情所能理解，非常理所能衡量的紛擾。甚至常常以失真的心態，給自己戴上虛偽的假面具，找出許多的藉口，以支持自己謬誤的行為，一旦惡行敗露，便會招致人格破產，聲名狼藉。像最近一位官居特任的明日之星，為逞私欲，而作奸犯科，在真相未揭發前一日，尚信誓旦旦，大言不慚的自認清白，翌日面對真實的證據，則不得不俯首認罪，導致身敗名裂，影響政府整體形象至深且鉅。所以，道家要勸世人「返璞歸真」，確是不無道理。

俗話說：「身在公門好修行」，當我尚在公務部門服務時，便殷殷告誡工作同仁應以「積功德」的心情去為民服務，尤其要摒棄鄉愿的作風，以免招致民怨。四十多年前，當我在嘉義縣政府服務時，對於縣政府官員的官僚鄉愿作風，便早有所聞，唯親眼所見，還是有一次當我路過建設局時，見到有一位民眾對於申請工商登記的作業頗多怨言，便趨前了解狀況，對方問我是何人，我只是淡淡講一句：「問題能解決最重要」。對方告訴我，為了這個登記，他已經來來回回好幾次，到底還需要完備哪些資料及程序，承辦人員為何不能一次說清楚，害他的資金懸宕在那裡動彈不得。了解了這位民眾的訴求後，我便領著他走到建設局工商課，問清楚這個案件所需的真實程序，乃允諾這位民眾於隔天補齊資料後，當天就可以領到工商登記證書。這位民眾終於一掃來時的不悅，問門口的警衛，才知道我是縣政府的「第二號」人物，乃驚覺原來自己遇到了「貴人」。也因為這件事，我曾指示縣政府各有關單位，凡是涉及人民權益的事，包括地政、戶政、稅捐、工商登記都要訂定工作流程圖，懸掛於門首，方便民眾按圖索驥。「行政革新不是口號，要實實在在去解決民眾的問題。」我認為：「唯有人人在工作上心口如一、在行為上表裡一致，便能消除民怨，也才能獲得民心。」

三國時，諸葛亮治蜀，不但慎重名器，更是吏不容奸，終使蜀國政局安定清明。事實上，掌握公權力的政府官員，若是在關鍵的時刻，對關鍵的事情，為關鍵的人士，不顧廉恥，玩法弄權，其後果便是誤己、誤人、誤國。故佛經有云：「制心一處，無事不辦」，這就是說明做人處世只要心無貪念，真心專注，便沒有辦不成的事情。同時，人要維持一貫的真我十分不容易，特別是當人想要保有成功的機會或個人形象時，難免會傾向以較不真實的外貌或言語舉止加以包裝。因為成功的壓力常會不自覺地讓人脫離自己的核心價值——「真」。當人越成功時，就越忍不住想更快地獲得再一次成功的感受，所有這些成功的讚譽便成為我們繼續向前的驅動力，但反過來也可能過度渲染了我們真正的面貌。對大多數人來說，成功的經驗令人期盼莫名，它固然引人建立自信，也會走向扭曲。成功了，你就是典範，聲名遠播。而那些讚美之詞也必然會令你信以為真。事實上呢？當我們的腳踩在地球表面時，我們會感受地球是平的，但地球其實是圓的。當我們認為所站的地面是靜止的，其實地球正快速在太空不斷自轉。這就說明平時我們所認為的事實，有時和真相是有很大的誤差。以致世人貌似忠厚，內藏奸詐者，比比皆是，否則，為何要說：「知人知面不知心呢？」唐太宗為鼓勵群臣真心誠意進諫，常對公卿曰：「朕比來決事，或不能皆如律令，公輩以為小事不復執奏，夫事由小致大，此乃危亡之端也。」太宗每以惟睹失真順從，不聞違異為憂，足見其對於正己肅下，知人善任，求真求實，虛心從善之重視，勵精圖治，乃有「貞觀之治」。

總之，一個人要能不逾越自己的核心價值——「真」，最重要的，便是要牢記朱老師所說的：「不真，則不見真我真相」。而海涅所說的：「生命不可能從謊言中開出燦爛的花朵。」豈不就是最佳的見證。

落筆至此，不只是對「真」字的開悟，也會進一步產生「實踐」的力量。

惟仁者壽・大德延年

認識謝又公，倏忽已逾五十寒暑。

在此漫長的歲月中，我何幸如之，得以經常親炙雅教，亦師亦友，受惠良多。對於他那種獎掖後進，寬厚樸實的高風亮節，以及畢生為推展我國童子軍運動而奉獻心力，宏謀碩劃之高瞻遠矚，確實影響了我數十年立身處世至深且鉅。

約在民國五十年仲夏，我在他的引荐下，開始與童子軍結緣。也使我體察童子軍活動的基本理念就是「肯定自我，分享歡樂」，而童子軍活動的精髓則在小隊制度。因為小隊能訓練夥伴們分工合作，彼此欣賞，相互激勵，並能強化夥伴們的領導能力及對人際關係的適應力。

當我得到羅浮木章之後，他希望我能兼任童子軍總會的副總幹事及副國際委員，協助陳總幹事忠信先生開拓我國童子軍的活動領域。就在他的諄諄指導下，我不但率團參加美國第九次全國童子軍大露營，也率領百餘位身為中小學校長、主任、教師的童子軍義務服務員，浩浩蕩蕩赴韓國做親善訪問，受到該國童子軍總部高規格的接待。從這些活動中，乃使我進一步悟出領導的藝術。且為增廣見聞，我亦曾追隨他遠赴新加坡及加拿大參加亞太和世界童子軍領袖會議，透過與各國童子軍領袖們的廣泛接觸，的確是擴大了自己的視野。尤其是看到他那種面對某些國家的代表，為「中國童子軍」名稱及國旗徽章問題引發爭議時的不卑不亢，從容應對的風範，不得不令人肅然起敬。

當我忝為童子軍總會常務理事時，基於事實的需要，民國七十八年三月，我在他與多位先進們的鼓勵與肯定下，不顧時間的急迫，毅然負起籌辦亞太區童子軍領袖會議的重任。也許這是總會給我從事童子軍活動以來另一種考驗，也許這是他有意為我製造一次磨練的機會；經過短短數月的精心籌劃，在政府、學校、救國團等機關團體的支助下，加上眾多夥伴們心力的投入，終於在同年九月，把為期一週的「第十六屆亞太區童子軍領袖會議」辦得多彩多姿，贏得近兩百位共二十多個國家童子軍領袖們的讚譽，也展現出我國童子軍的實力。事後他曾對我說：「做人不要怕難畏讒，任事要有擔當，只要肯用心，能專心，並問心無愧，便沒有不成功的道理」。這是他給我異類的激勵，真是獲益匪淺。

時光似箭，馬齒徒增，轉眼自己也已邁入古稀之年，固然這些年自己雖已很少參加童子軍的活動，但目睹當前社會多元，物欲充斥，道德式微，青少年價值觀混淆等惡質風尚瀰漫之際；實是令人懷念當年謝又公等童子軍界的前輩們為推展我國童子軍運動，亦為我國青少年的成長與成熟所付出的心血與辛勞。期盼現在的教育當局及諸多年輕的童子軍領袖夥伴們，能夠殫精竭智結合企業界的力量，踏著童子軍前輩們的腳印，更加重視童子軍運動的社教功能，給予更多的資源與關懷，以期再次展現我國童子軍運動嶄新的作為，導正社會風氣。

另一項令我難忘的往事，是在民國六十二年，當我為了充實自己，利用在菲律賓從事青年文教工作之暇，半工半讀。身在異鄉為異客，白天忙於公務，下班後則趕往馬尼拉大學攻讀公共行政碩士學位。包括寒暑假期的選課在內，一年半的時間，在工作與課業的雙重壓力下，我幾乎一度萌生退意。正好此時，身為教育部社教司司長，且兼任我國童子軍總會駐會常務理事的謝又公來菲出席會議，會後當我向他吐盡滿肚子的苦水時，他鄭重的向我說：「你不來，我不鼓勵，因為你已做到嘉義縣政府簡任主任秘書，既然來了，我勸你再苦也要撐下去，否則，你為什麼要來？」短短幾句語重心長的話，乃使我茅塞頓開，決心向苦難挑戰。最後，終於如期修完課程並順利通過論文口試，獲得菲國教育部頒授公共行政碩士學位。不久便奉召返國，擔任救國團總團部社會組組長，負責強化與推廣義工制度。

從事黨務工作，雖說是偶然中的必然，卻也使我有機會，第一次近距離見學謝又公如何執簡馭繁處理經緯萬端的黨務工作。

民國六十八年，當宋時公接任台灣省黨部主委時，要我續任書記長一職，時任省教育廳廳長的謝又公，亦在宋時公數度懇邀及蔣主席經國先生面示後，不計名位，轉任省黨部副主委。基於他的真知灼見和在各縣市的人脈，有關各類輔選任務，均能協助宋主委順利達成。而多少的選戰難題，多少的流言蜚語，也都在他所堅持「實實在在做事，清清白白做人」的原則下一一破解。對於他那種面臨疑難的慎謀能斷，化解危機的堅毅果決，身居副職的謙和禮讓等智慧的表現，都可說是爾後我主持省市黨務及部會工作的最佳借鏡。

也許是我在省黨部擔任兩位主委（潘振公與宋時公）的幕僚長表現不錯，導致當時中央組工會主任梁孝公有意調升我為組工會副主任，負責組織與輔選的任務。當他徵詢宋主委意見時，宋時公幾經思考，才勉強接受了謝又公的進言：「何必要阻擋年輕人升遷的機會？」，由此可見，謝又公總是樂為別人著想，難怪古人有謂：「與人以實，雖疏必密；與人以虛，雖戚必疏」。以致數十年來，我與朋友交往，總是信守「熱心助人多良友，熱誠待人多知心」的古訓。

「窮理於事物始生之處，研幾於心意初動之時」，民國七十六年，我奉調回救國團與謝又公同時擔任總團部的副主任。面對當時救國團的處境，先總統蔣公的這兩句話，正好引發我們共同的看法。因為時代在變，潮流也在變，環境更在變，救國團當時的服務市場，必須從壟斷性、支配性，轉為競爭性、適法性，才能因應時局與社會變化的需要。所以，那時他曾提醒全團幹部說：「救國團曾因享受特權而有今天，今天若想再享特權，則肯定沒有明天」。由於我們的辦公室就在隔壁，平日除了經常在一起討論工作之外，餘暇的時間，則泡一壺好茶，點幾支三五，談古論今，從他對世局紛擾，切中時弊的一些論斷；從他對純化人生的不忮不求，我確是更深一層體認出他的心胸開朗、豁達。他與人無爭，永遠都是對人，心存厚道；對事，講求公道。記得他辦公室掛有一幅對聯：「欲除煩惱先忘我，各有因緣莫羨人」，這豈不就是他人生意境的寫照？幾十年來，他有所為有所不為，並知所進退的處世哲學，不能說對我沒有影響。因為，回首來時路，也有風雨也有晴，畢竟每個人的機遇不同，因緣各異；因此，我一路走來，不但惜緣惜福，感恩知足，亦體悟到「春日才看楊柳綠，秋風又見菊花黃」的人生榮枯有數，得失難量。首次政黨輪替，我交卸了一切公職之後，十餘年來，難得遠離滾滾紅塵，找回屬於自己的時間。傳道、授業，讓自己活得自在；寄情山水，天天享受著雲淡風輕的瀟灑日子。

欣逢謝又公九秩華誕，惟仁者壽，大德延年，謹撰下列壽聯為賀。

壽比南山欣作頌
福如東海喜開樽

童軍集會中，我與謝又公（右起第三位）接受李總統登輝先生兼童軍總會會長之嘉勉。

勉友人詞

欲成大事者，不論身處何種境界，均應自豪而不自滿，昂揚而不張揚，務實而不虛偽，亦應時時自我惕勵，善為控制情緒、紓解壓力；面對繁雜，尤應懂得抓大放小，凡事並能：

沉得住氣，

耐得了煩，

忍得下怨，

受得起謗。

展望來茲，若能有此修為，則有厚望焉。特書貽

平和先生雅正。

三清山奇秀甲天下

在今（一〇二）年四月份法會後的午餐時，不知為何我與朱老師及幾位會友突然談到江西三清山奇秀甲天下，就在朱老師的一句：「既然如此，你是江西人，何不帶我們去開開眼界？」於是，我與幾位會友交換意見的結果，初步決定在九月初成行，為期五天四夜，經過朱老師首肯後，我便請三家比較熟悉的旅行社安排行程及報價，經選定經常辦大陸旅遊的華胤旅行社後，我們十四位同行的會友，個個都企盼九月五日的早日來臨。

當日下午一時三十分，大家都準時聚集在促健會，搭乘旅行社為我們準備的巴士前往桃園國際機場。

四時二十五分東方航空二〇四八班機準時起飛，六時十分在毛毛細雨中按照預定時間降落南昌昌北機場。

進住禧悅麗尊酒店用畢晚餐後，導遊卻告知因天雨，原預定到秋水廣場欣賞的音樂燈光噴泉水舞秀將取消。就在大家頗感掃興之際，朱老師要求導遊，不管燈光噴泉秀是否取消，我們仍應按照預定行程前往現場看看。說來也真是神奇，就在我們乘坐的巴士剛剛進入秋水廣場時，雨也停了，突然音樂響起，五色繽紛的燈光也大放異彩，而面積廣達一．二萬平方公尺，高度達到一二八公尺的主噴泉更是同時噴出水柱，此一多彩多姿的景觀，剎時間不但引起會友們的歡呼，也感應到與朱老師同行的福份。就在大家紛紛用手機、相機，在不同的角度拍攝此一難得見到的景色時，短短幾分鐘的時間稍縱即逝，正當大家意猶未盡，音樂、燈光、噴泉皆都戛然而止，似乎剛才的幾分鐘，一切好像是專門為我們而開放，站在我身旁的導遊也不禁為之納悶，對我們也頗感不好意思。

水舞結束後雨勢瞬間加大，踩著溼溼的馬路，我們奔上巴士返回酒店。

遠山雲散舒望眼，古鎮秋色最宜人

第二天的行程，是我們此行中最辛苦的一天。因為在五二〇公里長的旅途中，要參觀三個景點。好在大家在車內有說有笑，加上沿途的旖旎風光，以及朱老師為大家準備許多零食，即使有人稍感疲倦，卻是睡意全消；因為在遠離塵囂、心曠神怡的當下，至少我個人面對即將到達的景德鎮，頗有「遠山雲散舒望眼，古鎮秋色最宜人」之感。

攝於「瓷都」景德鎮古窯入口處。

景德鎮，是於北宋景德元年（西元一〇〇四年）所置。首創青白瓷，素有「瓷都」之稱。由於行程緊湊，在這裡我們只參觀了古窯瓷廠，工人們以傳統的手工製作陶瓷的過程，使我們讚嘆他們的妙手神工。廠內還有一座古樸高大的鎮窯，該窯以松柴為燃料，窯長十八公尺，成直躺的鵝蛋形，前大後小，尾部砌築高約二十一公尺的薄壁煙囪。這是古代建築工匠巧妙利用曲木重心和彎曲外型立築架樑的結果，可謂匠心獨具，也是我國建築史上的一大奇觀。

景德鎮雖因瓷而興，因瓷而榮，惟目前只見傳統陶瓷製作，難見創意盎然的新品，加以原料高嶺土日漸減少，以致頗有沒落的趨向。

車行至號稱中國最美的鄉村——婺源，看見層層梯田與白牆黑瓦的村舍，相映成一幅淡抹的農村素描，的確是給生活在喧囂都市裡的我們，帶來一陣心靈的撼動。

踏上充滿歷史痕跡的彩虹橋，環顧四周，說得上是青山如黛，碧水澄清，也讓人真正體會出婺源之美。整座廊橋為了便於維護，都是化整為零，每個亭

廊也都是獨立的，而船型的橋墩則是整個古橋最精美的部分。該橋建於南宋，已有八百年的歷史。

導遊建議我們可以順著彩虹橋廊步行到橋下，踩在浮出水面的石塊返回。看到一些遊客走在前頭，大家有樣學樣，也都尾隨下橋。走在最前面的誌鴻會友突然發現整個長廊中有許多腳踏石塊是前人的墓碑，朱老師乃立即要大家

彩虹橋取唐詩「兩水夾明鏡，雙橋落彩虹」之意命名，建於南宋，迄今已有八百年的歷史。

返回橋上，原途而返。這時，我想著如果朱老師是走在大家的後面，會友們即使發現而未有朱老師的提醒，仍然像其他遊客一樣踩過去，則後果如何誰都無法預料。因此冥冥中我意會到有朱老師同在，時時與處處，她都會為大家趨吉避凶，消災祈福。

小橋流水人家的李坑村，為南宋乾道三年武狀元李知誠的故里。全村一二〇戶，人口約七百人，多數居住在清澈的小溪兩岸。村內有明清時的古宅、古橋、古亭、古樹等景觀，頗能激發遊客思古之幽情，乃隨興吟出：「水裡看村清俗眼，溪畔品茗洗塵心」。

天下第一仙峰，世上無雙福地

第三天九月七日早餐後，我們終於在雨絲霏霏、雲霧濛濛中來到嚮往已久的三清山。

三清山座落在江西省上饒市的東北部，是國家５Ａ級旅遊區，也是國家地質公園，更是聯合國世界自然遺產，素有「天下第一仙峰，世上無雙福地」之稱譽。主峰玉京峰標高一八一六．九公尺，因玉京、玉虛、玉華三峰如三清（玉清、上清、太清）列坐群山之巔而得名。

三清山歷經十四億年的地質變化運動，從而形成了舉世獨一無二的花崗岩峰林地貌，「奇峰怪石，古樹名花，流泉飛瀑，雲海霧濤」並稱自然四絕。三清山景點眾多，景觀布局是「東險西奇、南絕北秀」。

唐僖宗時（西元八七四～八八八年）信州太守王鑒奉旨撫民，抵達三清山北麓，見到此山風光秀麗，景色清幽，卸任後便攜眷歸隱于此。到宋朝時，其後裔王霖捐資興建道觀，三清山才開始成為道家的洞天福地。明景泰年間（西元一四五〇～一四五六年），王霖後裔王祐對三清山道觀進行大規模的重建，歷代名人雅士都在此留下足跡。

坐上亞洲最長的纜車，縱目遠眺，一座座的奇峰怪石，籠罩在繚繞的雲霧裡，尤其是「雲在身邊過，霧在眼前飄」的感覺，實乃人間仙境。下了纜車，感謝朱老師送了我一根竹棍，鴻仁會友贈給我一件雨衣，雖然我已在山下買了把雨傘，但由於棧道狹隘，恐怕山風強，撐傘不易，故多數人都是捨雨傘而著雨衣。竹棍則權充手杖，藉資補強腳力。

走了將近一個小時沿岩壁而修築之棧道，以及拾級而上的坡路，抵達「巨蟒出山」景點的路口，正當我與朱老師都仰望似觀世音菩薩時，許多抬滑竿的轎夫前來招攬生意。由於朱老師所給的

我與會友們步行在三清山的棧道。

信心，既然已走過的一大段路並未使我腿軟、頭暈、心悸、氣喘，後一段路難道就會走不下去？但看到轎夫們的緊纏不捨，想到不要讓朱老師等為我操心，我還是雇了一架滑竿，並在平地我走，坡路他們抬的默契下，一方面使我嘗一嘗坐滑竿的滋味，一方面也讓自己在步行中飽覽山勢之美，體會身在虛無飄渺中那種「高凌雲漢」與「清絕凡塵」的感受。

從三清山下來，沒想到每個人都有不同的感受。因此，晚餐後，當大家聚集在一起啃著朱老師為我們購買的香梨，分享著彼此不同的感受時，好像個個都感受到三清山的仙風靈氣。最後朱老師語帶玄機的對我們開示：「雲霧迷漫的三清山比起晴空萬里的三清山更值得大家去領悟，因為你們看到的一切都只是表相，真正的三清山之美，卻是在雲霧深處，而那種美如同『道可道，非常道』一樣，容待你們日後慢慢去體驗吧！」

相信那晚大家都是帶著不同的感受，美好的回憶，走進夢鄉。

道高龍虎伏，德重鬼神欽

來到江西第四天的凌晨即被叫醒，因為要參觀龍虎山的張天師府及趕在十二時前抵達岩墓葬的地方，觀賞懸棺表演。早餐後旋即乘車前往中國道教的發源地張天師府，夙稱「麒麟殿上神仙客，龍虎山中宰相家」。

相傳東漢中葉時，張道陵於雲錦山修道煉丹，丹成而龍虎現，因而得名。從東漢末葉至第四代天師張盛開始，歷代天師

進入道教的發源地張天師府。

均世居此地。守龍虎山，尋仙覓術；坐上清宮，演教布化；居天師府，修身養性。張天師世襲道統六十三代，均得到歷代朝廷的崇奉和冊封，官至一品，位極人臣，形成中華文化傳承世襲的「南張北孔」兩大世家。

張天師府占地五萬平方公尺，有五百多間房舍，樓臺殿閣，曲徑迴廊，難記其數。我們一行，穿梭其間，都被府內的古木參天、環境清幽所吸引。而每座府第門首，均書有寓意深遠的門聯，諸如：「南國無雙地，西江第一家」，「道高龍虎伏，德重鬼神欽」，「道貫古今包宇宙，法遵自然馭人神」等等。

不是巧合即是福報，因為導遊說他經常帶團來參觀，卻不曾見過，當我們進入張天師府不久，就遇著他們的「授籙」大典。剛剛跨進天庭，一長串的鞭炮便被點燃，在鞭炮聲中，我們看到即將要成為一位「道士」的隆重儀式，這何嘗不是追隨朱老師的另一項奇遇。

走出天師府，趕搭遊覽專車前往竹筏碼頭，下車後穿過一片鬱鬱蔥蔥的竹林，我們從龍虎山山麓，沿著波光粼粼的瀘溪河乘坐竹筏西行，五十分鐘的

岩石嶙峋、波光粼粼的龍虎山。

水上漂流，我們都被兩岸的岩石嶙峋、氣象萬千，看得眼花撩亂。尤其是奇峰橫臥碧波，綠水繞山蜿蜒，真是美不勝收。遙望將棺槨置放於百仞絕壁岩洞之奇觀，才了解中國政府即使提供四十萬元人民幣獎金尋求如何置棺之答案，至今仍是千年難解之謎。

下竹筏，過岩坡，走出林蔭小徑，正當我們在岸邊等候竹筏渡河至對岸之際，我忽然發現朱老師閉目端坐在岸邊的長條石椅上，依常情判斷，必然她是在做功德，於是我暗示會友們不要過去打擾她。大約十多分鐘之後，朱老師才站起來告訴大家可以過河了。

行行復行行，在烈日高照下，我們從河邊登岸，穿過茂密的森林，踏在用木板搭建的坡道，將近五百公尺的距離，當我們抵達遊覽車候車亭佇足四處觀望時，我們終於享受到和風習習的快哉，也開始有了飢腸轆轆的感覺。飽嚐天師風味餐時，我們才知道朱老師剛才確實是在為眾多的亡靈超渡。

用餐至午後兩點多，我們馳向下一個景點。

落霞與孤鶩齊飛，秋水共長天一色

下一個景點是滕王閣。從龍虎山到南昌市，將近二二〇公里的距離，即使不塞車，亦將需要兩個半小時才能到達滕王閣，故導遊希望我們能在五點前趕到，否則就無法購票入內參觀。

於是，我們每個人都祈禱能在停止售票前趕到江南三大名樓（江西的滕

江南三大名樓之首的滕王閣。

王閣，湖南的岳陽樓，湖北的黃鶴樓）之首的滕王閣，以便觀賞「落霞與孤鶩齊飛，秋水共長天一色」的傳世景致。

眼見一路塞車，時間已過五點我們仍被塞在車陣當中，司機為了趕時間數度演出驚險鏡頭，看到朱老師在車上依然氣定神閒，好像即便超過五點，我們仍然可以如願以償。果真當我們五點二十五分抵達目的地時，才知道導遊搞錯了，是五點三十分停止售票入內，我們算是及時趕到。

正當我們在五樓的走廊觀賞滕王閣周遭的景色時，突然大家眼睛為之一亮，豔麗的夕陽卻在此時破雲而出，於是手機相機喀嚓之聲此起彼落，就在大家忙著獵取夕陽伴著晚霞的美景時，萬萬沒有想到先是一隻，接著二隻，最後四隻黑雁掠空而過，這不就是落霞與孤鶩齊飛嗎？只是時代的進步代之而起的是高聳的建築物矗立在秋水共長天一色的遠方水平面上，如此美麗的景色，連導遊都說我們運氣真好，不是每個旅行團來此都能見到夕陽與晚霞。凡夫俗子哪裡知道箇中的玄妙！難怪晚餐時，大家都顯得十分的興高采烈，連平日滴酒不沾的朱老師，看到大家那麼高興，居然也破例酌飲了一小口啤酒。

十時左右，大家從氣勢磅礡的八一廣場回到凱萊大飯店，由於明晨六點便要趕往機場搭機返臺，於是每個人都依依不捨在互道晚安聲中各自回房收檢行囊。

第五天九月九日上午十點十分東方航空二〇四七班機準時在桃園國際機場降落。

在返家的途中，每位會友都仍在回味這五天來的美好時光，也期待下一回能在朱老師的率同下再與大家共遊。當我用輕快的腳步走進家門時，我輕輕對自己說了一聲：「我終於做到了。」能以耄耋之年跟這群年輕會友走完全程沒有脫隊、落後，這不但是自己體力的考驗，也是自己幾年來做功課後意志力與信心增強的展現。

為自己寫墓誌銘

由於世事變幻莫測，一個人之旦夕禍福，實難事先預料，故於自己塵緣未了之前，為免後世子孫日久淡忘祖德之流芳，乃預撰此墓誌銘。除應補白之處，留待日後由子孫們填實外，謹綴數語，藉以敘明撰寫之原由。

忠孝傳家

墓誌銘

「隔海遙望靈谷峰，延陵季子是吾宗，祖訓忠孝常在耳，七代書香舊家風」。陽世子孫鑒於祖先之積善流芳與勳業遺範，堪為後世效法，乃恭勒此墓誌銘，藉供吳氏後嗣永懷德澤。

顯祖考垂昆公，號子毅，一九〇八年八月二十二日誕生於江西省臨川縣。弱冠之年，有感於國事凋敝，乃投筆從戎，

忠孝傳家

畢業於黃埔陸軍軍官學校第六期。歷任排連營團旅師軍長等職，南征北伐，功勳彪炳。尤以一九四九年參加金門古寧頭戰役，聞名遐邇。曾獲頒忠勤、雲麾等勳獎章十餘座。退役後，任大專文史教授，曾出版《宗教與哲學索隱》、《十三經指要鉤玄》、《蘧蘧山房詩文集》、《如是我記》等著作。允文允武，誠乃一代儒將。一九九五年六月十日壽終於台北市，享年八十八歲。

顯祖妣吳母楊太夫人，閨名劍雲，譜名醉仙，一九一五年八月八日於江西省臨川縣出生。自幼聰穎，秀外慧中，及笄之年，經媒妁引介，與顯祖考締結連理。數十年相夫教子，勤儉持家；敦鄰睦族，樂善好施，母儀典範。一九八一年當選台北市模範母親，李登輝市長曾親頒「宏揚母教」匾額，公開表揚。二〇〇九年元月十六日子夜駕返瑤池，享壽九十四高齡。

忠孝傳家

顯妣吳母○老夫人，閨名○○，一九三六年三月二十日出生於河北省清豐縣。乃河北省國大代表宗鵬公之次女，幼承庭訓，溫良嫻淑。於省立台中師範學校畢業後，復進修於台北市立女子師範專科學校，亦任教於該校附屬小學，春風化雨，作育英才近四十年。因其敬業樂群，教澤廣被，數度獲得台北市政府服務績優獎章。一九五六年與顯考結縭，○○餘載同甘共苦，鶼鰈情深。○○○○年○月○日蒙主寵召，安息主懷，享齡○○○歲。育有四女，皆接受國內外高等教育。長女○○，畢業於文化大學社工系。次女○○、三女○○、四女○○均留學美國，分別獲得印第安那大學（IU）及威斯康辛大學（UW）碩士學位。長女自幼體弱多病，迄未婚配。二女婿魏○○，美籍，從事教育工作。三女婿賴○○，贛籍，經營企業。四女婿夏○○，鄂籍，服務於外交部。外孫魏○○、外孫女賴○○、夏〇〇、夏〇〇均分別在學。一門之內，恭儉謙約，忠孝傳家。

顯考〇〇公，一九三四年七月十三日出生於江西省臨川縣。賦性純良，器識宏遠；為人明哲守正，臨事剛毅果決。畢業於國立中興大學行政系後，為任公職，一九六五年，通過考試院乙等社會工作人員特種考試（相當於高考）。一九七二年奉行政院僑務委員會派往菲律賓從事菲華青年文教工作。公餘之暇，並於馬尼拉大學（UM）公共行政研究所半工半讀，一年半之艱苦歲月，論文口試通過後，獲菲國教育部頒授公共行政碩士學位。二〇〇九年八月十一日韓國著名之南部大學（Nambu University），由於顯考畢生對國家、社會與文教事業之貢獻，尤以促進中韓青年及學術之交流，功不可沒，洒經該校學位審議委員會議通過，授予教育學名譽博士學位。

顯考三十四歲（一九六八年）便因工作表現優異，被層峰

忠孝傳家

拔擢出任嘉義縣政府簡任主任祕書。一九七三年，奉令自菲律賓歸國，擔任救國團總團部社會組組長、副主任，中國童子軍總會常務理事。繼任中國國民黨中央組織工作會副主任、高雄市委員會主任委員、中央委員、社會工作會主任；一九九六年初，於台灣省委員會主任委員任內。輔選李登輝先生、連戰先生高票當選第一屆民選正副總統後，奉召入閣，膺任行政院青年輔導委員會特任主任委員，後因政務需要，調任考試院特任祕書長暨考選部部長等要職。二〇〇〇年五月政黨輪替，毅然辭卸一切公職，寄情山水，著書立說。重要著作計有《行政組織與管理》、《行政學新論》、《環境、心境、意境》、《象山看雲去——人生、管理、生活解碼》、《贏在紅海——組織管理縱橫談》、《一溪雲，捎來無限的感念》等，甚獲佳評。茲為經驗傳承，公餘之暇，曾於國立中興大學法商學院兼授「行

忠孝傳家

政學」二十餘載之後，重拾教鞭，講學於兩岸，除受聘為江西省南昌大學客座教授、稻江科技暨管理學院講座教授外，尚任中國國民黨中央評議委員會議主席團主席、亞太文經學術基金會董事。民國一〇〇年元月一日，基於顯考服公職時之忠勤廉能，乃獲馬英九總統特聘為總統府國策顧問。民國一〇一年十月三十一日，救國團鑒於顯考對團務工作二十年之卓越貢獻，乃於六十週年團慶時，由馬英九總統頒發「團務終身奉獻獎」一座。加以平日熱心推動各類社會公益及國際青少年活動，致獲中外勛獎章十餘枚及中興大學、台北大學傑出校友等榮譽表彰。

嗚呼！綜觀顯考一生懋績，實乃功在國家，名垂青史；光前裕後，大振家聲。

顯考近年來每感國步艱難，雖仍有挽狂瀾之志，奈因心力

忠孝傳家

交瘁，終而積勞成疾，于○○○○年○月○日與世長辭，享年○○○歲。與顯祖考妣暨顯妣同安息於台北縣瑞芳鎮金石園吳氏歷代佳城。銘曰：

是維吳氏歷代佳城，背山面海，左有青龍蟠繞，重巒疊嶂；右有白虎伏踞，鍾靈毓秀，既固且安。藏福納瑞，永利後嗣。

陽世子孫 奉祀恭勒

西元　年　月　吉　日

後記

《一溪雲，捎來無限的感念》，由於這本書的內容充實，架構完整，詞藻優美，可說是編者二十餘年的編輯生涯中，首次看到適合於老中青各年齡層閱讀的好書。

自從接到本書的手稿及所附的資料後，在編者的直覺感中，作者能將那麼多因年代久遠都已泛黃的照片、剪報與函札完整地保留迄今，這份恆心、這份記憶，實非一般常人所能做得到。因為近半個世紀的歲月，在歷史的長河雖是短暫，但對一個人而言，卻是他人生的精華時段。看到作者把數十年人生的淬鍊，條理分明、文情並茂的描述著那多彩多姿的回憶，有人性深入的刻劃，有事理清晰的分解，也有作者對任何挑戰的真知灼見，更有在感情世界對故舊的懷恩，對親人的柔情，對友好的寬厚，其知性、理性、感性的情懷，的確令編者讀後為之動容不已！

從書中每一章節，編者看到的不僅是作者如何一步一腳印走過從前，也看出作者凡事都是用心、虛心、誠心以赴；對人則是尊重、關懷、忍讓以對，致而使編者憬悟到作者之所以能從基層的公教人員做到官居特任部會首長的成功祕笈。而書中所顯示作者在奮進的途程中不畏橫逆、在艱彌勵的作為，可從內文的真人真事察覺原汁原味的事實真貌，展現作者的人生未留白。

作者幼讀詩書，尤擅書法，本書書名的親自題字，雄渾遒勁，何嘗不是他為人處世不傲不諂、守其清正的寫照。

在整個編輯的過程中，作者與編者不論對書名的反覆推敲，對圖說的字斟句酌，對封面與版型設計的意見交換等等，處處皆顯露其長者的風範，不但尊重編者及美編的專業，與接納編者一些相左的看法，更體諒編者工作能量的負荷，而適時予以鼓勵，加添了編者不少的信心。編者何幸，得以先睹為快，並樂為讀者推薦，好書，值得一讀再讀。特綴數語，以為後記。

本書自今（一〇二）年七月出版以來，不到半年已四刷再版，而金石堂及博客來網路書店之排行榜均居二至六名，誠屬洛陽紙貴，值茲內文略有添加且再版之際，謹抒所感，以與讀者分享。

幼獅公司總編輯◎劉淑華

國家圖書館出版品預行編目資料

一溪雲，捎來無限的感念 / 吳挽瀾撰.
-- 初版. - 台北市：幼獅, 2013.06
面； 公分

ISBN 978-957-574-918-7（平裝）
1. 吳挽瀾 2.台灣傳記

783.3886 102012024

一溪雲，捎來無限的感念

撰　　者＝吳挽瀾
出 版 者＝幼獅文化事業股份有限公司
發 行 人＝李鍾桂
總 經 理＝王華金
總 編 輯＝劉淑華
主　　編＝林泊瑜
編　　輯＝朱燕翔
封面設計＝黃瑋琦
美術編輯＝李祥銘
總 公 司＝(10045)台北市重慶南路1段66-1號3樓
電　　話＝(02)2311-2832
傳　　真＝(02)2311-5368
郵政劃撥＝00033368

門市
・松江展示中心：(10422)台北市松江路219號
電話：(02)2502-5858轉734 傳真：(02)2503-6601
・苗栗育達店：36143苗栗縣造橋鄉談文村學府路168號（育達科技大學內）
電話：(037)652-191 傳真：(037)652-251

印　　刷＝崇寶彩藝印刷股份有限公司
定　　價＝350元
港　　幣＝117元
初版一刷＝2013.07.01
初版二刷＝2013.07.15
初版三刷＝2013.08.15
初版四刷＝2013.09.28
二版一刷＝2013.12.01
書　　號＝954215

幼獅樂讀網
http://www.youth.com.tw
e-mail:customer@youth.com.tw

行政院新聞局核准登記證局版台業字第0143號

幼獅文化公司／讀者服務卡／

感謝您購買幼獅公司出版的好書！

為提升服務品質與出版更優質的圖書，敬請撥冗填寫後（免貼郵票）擲寄本公司，或傳真（傳真電話02-23115368），我們將參考您的意見、分享您的觀點，出版更多的好書。並不定期提供您相關書訊、活動、特惠專案等。謝謝！

基本資料

姓名：________________先生／小姐

婚姻狀況：□已婚 □未婚　職業：□學生 □公教 □上班族 □家管 □其他

出生：民國________年________月________日

電話：（公）________（宅）________（手機）________

e-mail：________________

聯絡地址：________________

1.您所購買的書名：**一溪雲，捎來無限的感念**

2.您通常以何種方式購書?：□1.書店買書 □2.網路購書 □3.傳真訂購 □4.郵局劃撥
（可複選） □5.幼獅門市 □6.團體訂購 □7.其他

3.您是否曾買過幼獅其他出版品：□是，□1.圖書 □2.幼獅文藝 □3.幼獅少年
□否

4.您從何處得知本書訊息：□1.師長介紹 □2.朋友介紹 □3.幼獅少年雜誌
（可複選） □4.幼獅文藝雜誌 □5.報章雜誌書評介紹________報
□6.DM傳單、海報 □7.書店 □8.廣播(　　　　)
□9.電子報、edm □10.其他________

5.您喜歡本書的原因：□1.作者 □2.書名 □3.內容 □4.封面設計 □5.其他

6.您不喜歡本書的原因：□1.作者 □2.書名 □3.內容 □4.封面設計 □5.其他

7.您希望得知的出版訊息：□1.青少年讀物 □2.兒童讀物 □3.親子叢書
□4.教師充電系列 □5.其他

8.您覺得本書的價格：□1.偏高 □2.合理 □3.偏低

9.讀完本書後您覺得：□1.很有收穫 □2.有收穫 □3.收穫不多 □4.沒收穫

10.敬請推薦親友，共同加入我們的閱讀計畫，我們將適時寄送相關書訊，以豐富書香與心靈的空間：

(1)姓名________e-mail________電話________

(2)姓名________e-mail________電話________

(3)姓名________e-mail________電話________

11.您對本書或本公司的建議：

廣 告 回 信
台北郵局登記證
台北廣字第942號

請直接投郵　免貼郵票

10045　台北市重慶南路一段66-1號3樓

幼獅文化事業股份有限公司

請沿虛線對折寄回

客服專線：02-23112832分機208　傳真：02-23115368

e-mail：customer@youth.com.tw

幼獅樂讀網http：//www.youth.com.tw